KURZE EINFÜHRUNGEN
IN DIE GERMANISTISCHE LINGUISTIK

Band 13

Herausgegeben von
Jörg Meibauer
und
Markus Steinbach

PETRA MARIA VOGEL

Sprach-
geschichte

Universitätsverlag
WINTER
Heidelberg

Bibliografische Information der Deutschen Nationalbibliothek
Die Deutsche Nationalbibliothek verzeichnet diese Publikation
in der Deutschen Nationalbibliografie;
detaillierte bibliografische Daten sind im Internet
über *http://dnb.d-nb.de* abrufbar.

ISBN 978-3-8253-6115-0

© 2012 Universitätsverlag Winter GmbH Heidelberg
Imprimé en Allemagne · Printed in Germany
Druck: Memminger MedienCentrum, 87700 Memmingen

Gedruckt auf umweltfreundlichem, chlorfrei gebleichtem
und alterungsbeständigem Papier

Den Verlag erreichen Sie im Internet unter:
www.winter-verlag.de

www.kegli-online.de

Vorwort

Im Hinblick auf Einführungen in die deutsche Sprachgeschichte gibt es immer noch eine Lücke im Bereich ganz kurzer Darstellungen, was angesichts der Komplexität des Themas nicht verwunderlich ist. Die meines Wissens zurzeit einzige existierende dieser Art ist die „Deutsche Sprachgeschichte" von Augustin Speyer. Sie bietet einen sehr guten Überblick, kann jedoch aufgrund der Kürze viele Aspekte nicht vertiefen. Der vorliegende Band kann als komplementär zu ihr betrachtet werden, da er sich auf Laut- und Formenlehre konzentriert, in bewusstem Verzicht auf die Abdeckung der ganzen Breite des Themas. Hierbei wird wiederum Wichtiges ausführlich besprochen, weniger Relevantes wird meist in einem eigenen Kapitel „Sonstiges" erwähnt. Im Literaturverzeichnis findet sich außerdem noch ein gesonderter Abschnitt zu „Grammatiken, Handbücher und Einführungen zur deutschen Sprachgeschichte".

Die einzelnen Phänomene werden nach einem einführenden Kapitel, in dem der Frage „Was ist Deutsch?" nachgegangen wird, chronologisch nach Alt-, Mittel- und Frühneuhochdeutsch dargestellt, oft mit Rückgriff auf die indoeuropäischen Verhältnisse. Neu an dieser Einführung ist einerseits die Aufteilung in Lautwandel und Formenwandel und andererseits die einführenden Kapitel, die sowohl dem Laut- als auch dem Formenteil vorangestellt sind. In diesen Kapiteln werden die jeweiligen Grundlagen für die Beschreibung des Laut- und Formenwandels gelegt. Mit dem in diesen Kapiteln vermittelten Wissen können prinzipiell auch Sprachwandelphänomene in anderen Sprachen beschrieben werden.

Ich danke den Studierenden meiner Sprachgeschichtsveranstaltungen sowie Carolin Baumann, Kai-Uwe Carstensen, Clemens Knobloch, Jürgen Kühnel, Sarah Roß, Petra Solau-Riebel und den Herausgebern, ohne die das Buch in der vorliegenden Form nicht denkbar wäre.

Inhaltsverzeichnis

Abkürzungen

ahd.	althochdeutsch	Jh.	Jahrhundert
A(kk.)	Akkusativ	Konj.	Konjunktiv
alem.	alemannisch	lat.	lateinisch
bair.	bairisch	Mask	Maskulinum
D(at.)	Dativ	mhd.	mittelhochdeutsch
dt.	deutsch	Neut	Neutrum
engl.	englisch	nhd.	neuhochdeutsch
Fem	Femininum	niederl.	niederländisch
fnhd.	frühneuhochdeutsch	N(om.)	Nominativ
frz.	französisch	P.	Person
G(en.)	Genitiv	Part.	Partizip
germ.	germanisch	Pl.	Plural
got.	gotisch	Präs.	Präs.
griech.	griechisch	Prät.	Präteritum
ide.	indoeuropäisch	Sg.	Singular
Ind.	Indikativ	span.	spanisch
ital.	italienisch		

1 Einführung

Deutsch ist eine von ca. 6.500 Sprachen auf der Welt. Gegenwärtig wird es von ca. 90 Millionen Menschen als Mutter- bzw. Erstsprache gesprochen. Damit nimmt es Rang 10 auf der Liste der am häufigsten gesprochenen Sprachen auf der Welt ein (Lewis 2009).

Platzierung	Sprache	Erstsprache Anzahl der Sprecher in Mio.
1	Chinesisch/Mandarin	1.213
2	Spanisch	329
3	Englisch	328
4	Arabisch	221
5	Hindi	182
6	Bengalisch	181
7	Portugiesisch	178
8	Russisch	144
9	Japanisch	122
10	Deutsch	90

Tab. 1: Die am häufigsten gesprochenen Sprachen der Welt

Die ca. 90 Millionen Muttersprachler finden sich v.a. in Deutschland und Österreich, aber auch in Belgien, Dänemark, Frankreich, Italien, Liechtenstein, Luxemburg, in der Schweiz und in der Slowakei.

Wenn von „Deutsch" gesprochen wird, so ist meist eine Sprache gemeint, die auch „Hochdeutsch", „Standarddeutsch" oder „Schriftdeutsch" genannt wird. Dabei handelt es sich um eine überregional gültige Verkehrssprache, die sich etwa ab dem 16. Jh. n.Chr. herausgebildet hat. Noch bis in die Mitte des 20. Jahrhunderts war die ersterworbene Variante meist ein Dialekt, evtl. neben dem Standard als weiterer Variante. Seither ist Standarddeutsch im Spracherwerb aber zunehmend erste und oft auch einzige deutsche Variante. Der Rückgang der Dialekte ist umso stärker, je weiter man nach Norden kommt, wobei statt Dialekten Regiolekte vorherrschen, d.h. Mischungen zwischen Standarddeutsch und Dialekt mit wechselnden Anteilen der beiden Bereiche. Auch das Standarddeutsche ist meist mehr oder weniger regional geprägt.

Die deutschen Dialekte werden geographisch in zwei große Gruppen geschieden, nämlich Niederdeutsch im Norden und Hochdeutsch im Süden des deutschen Sprachgebietes. Die Trennlinie zwischen nieder- und hochdeutschen Dialekten verläuft in etwa zwischen Aachen und Frankfurt an der Oder. Sie wird auch „Benrather Linie" genannt, da sie durch Benrath, heute ein südlicher Stadtteil Düsseldorfs, verläuft (Karte nach Vandeputte 1995: 10).

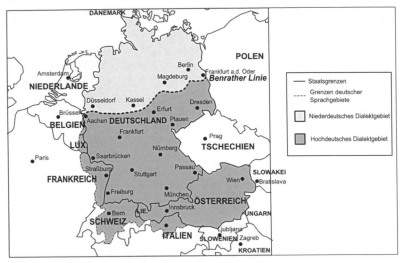

Abb. 1: Niederdeutsch und Hochdeutsch

Der Begriff „Hochdeutsch" ist damit zweideutig, da er sich zum einen auf die hochdeutschen Dialekte, zum anderen auf die überregionale Verkehrssprache, die deutsche Hochsprache, beziehen kann (die aber historisch v.a. auf hochdeutschen Dialekten basiert). Um terminologische Unklarheiten zu vermeiden, wird „Hochdeutsch" im Folgenden nur im rein dialektalen Sinne verwendet, im Falle der Verkehrssprache wird von „Standarddeutsch" gesprochen.

2   Was ist Deutsch?

Nach seiner Herkunft gehört Deutsch (d.h. die Dialekte und damit auch die Standardsprache) zur Sprachfamilie der indoeuropäischen Sprachen, die mit ca. 2.5 Milliarden Muttersprachlern die zahlenmäßig größte Sprachfamilie darstellen. Innerhalb des Indoeuropäischen gehört Deutsch zum Sprachzweig des Germanischen.

2.1 Indoeuropäisch

Die meisten Sprachen auf der Welt können bestimmten **Sprachfamilien** zugeteilt werden, wobei jeweils Ähnlichkeiten zwischen Sprachbau und Wörtern, vor allem des Basiswortschatzes, den Ausschlag geben. Die gängige Vorstellung ist, dass diese Gemeinsamkeiten dadurch zustande kommen, dass den jeweiligen Sprachen eine ältere Grundsprache zugrunde liegt, die der Sprachfamilie auch den Namen gibt. Beispielsweise zeigt das Wort für ‚Mutter‘ in den folgenden Sprachen eine frappante Ähnlichkeit, was auf deren gemeinsame Herkunft aus einer Grundsprache zurückgeführt wird.

(1) Griechisch   *métēr*
    Altindisch   *mātár*
    Altpersisch   *mātār*
    Lateinisch   *māter*
    Altirisch   *māthir*
    Althochdeutsch *muoter*
    Altbulgarisch *mati*

Die dabei angenommene Grundsprache bzw. Sprachfamilie wird **Indoeuropäisch** (oder älter auch **Indogermanisch**) genannt, wobei das Verbreitungsgebiet im Westen vom Sprachzweig Germanisch (mit Isländisch) und im Osten vom Sprachzweig Indisch (mit Hindi usw.) eingeklammert wird. Die folgende Tabelle gibt einen Überblick über die wichtigsten indoeuropäischen Sprachzweige, ggf. unter Angabe dazugehöriger Einzelsprachen. Die Zahlen geben die Zeit der ersten Textbelege an, wobei deutlich wird, dass die östlichen Sprachzweige am längsten überliefert sind und mit die frühesten existierenden Textzeugnisse aufweisen (Tabelle nach Kühnel 1978: 2-4; Jt. = Jahrtausend; † = ausgestorben).

Indisch	z.B. Vedisch, Sanskrit (Altindisch), Hindi (Neuindisch)	2. Jt. v.Chr. (Vedisch)
Anatolisch	z.B. Hethitisch † (im Gebiet der heutigen Türkei)	2. Jt. v.Chr. (Hethitisch)
Griechisch		2. Jt. v.Chr. (Mykenisch)
Iranisch	z.B. Avestisch (Altpersisch), Kurdisch (Neuiranisch)	7. Jh. v.Chr. (Avestisch)
Italisch	z.B. Lateinisch (Stadtmundart von Rom), romanische Sprachen (Fortsetzung des Vulgärlateinischen)	6. Jh. v.Chr. (Altlatein)
Germanisch	z.B. Gotisch, Deutsch, Schwedisch, Isländisch	4. Jh. n.Chr. (Gotisch)
Armenisch		5. Jh. n.Chr.
Tocharisch †	(im Gebiet von Turkestan)	7. Jh. n.Chr.

3

Keltisch	z.B. Gallisch †, Irisch, Walisisch, Bretonisch	8. Jh. n.Chr. (Irisch)
Slawisch	z.B. Russisch, Polnisch, Bulgarisch, Sorbisch	9. Jh. n.Chr. (Altbulgarisch)
Baltisch	z.B. Litauisch, Preußisch †	15. Jh. n.Chr. (Preußisch)
Albanisch		19. Jh. n.Chr.

Tab. 1: Die wichtigsten indoeuropäischen Sprachzweige

Neben dem Indoeuropäischen gibt es noch weitere Sprachfamilien, etwa Sinotibetisch, Uralisch usw. (vgl. Karte nach König 2007: 34 auf der folgenden Seite).

Dabei können geographisch benachbarte Sprachen ganz unterschiedlichen Sprachfamilien angehören, wie etwa Finnisch, Ungarisch und Estnisch zeigen, die aufgrund ihrer Herkunft zu den uralischen Sprachen zählen, obwohl sie von indoeuropäischen Sprachen umgeben sind.

Die jeweils angesetzten Grundsprachen dürfen aber nicht mit der „Ursprache" der Menschheit verwechselt werden. Die Entstehung der menschlichen Sprache wird ca. um 100.000 v.Chr. angesetzt, die auf der Basis von Textzeugnissen rekonstruierten Grundsprachen reichen meist jedoch nur einige tausend Jahre zurück.

So wird vermutet, dass die indoeuropäische Grundsprache, das sog. Urindoeuropäische, ca. 3000 v.Chr. von einer Sprechergruppe (der Einfachheit halber **Indoeuropäer** genannt) gesprochen wurde, deren „Urheimat" irgendwo in Eurasien vermutet wird. Sprecher, die von dort wegwanderten, nahmen ihre Sprache mit und gaben sie in ihren späteren Siedlungsgebieten weiter. Die Vermischung mit den dort jeweils bereits existierenden Sprachen sowie individuelle Weiterentwicklungen führten im Laufe der Zeit zu einer immer stärkeren Untergruppierung.

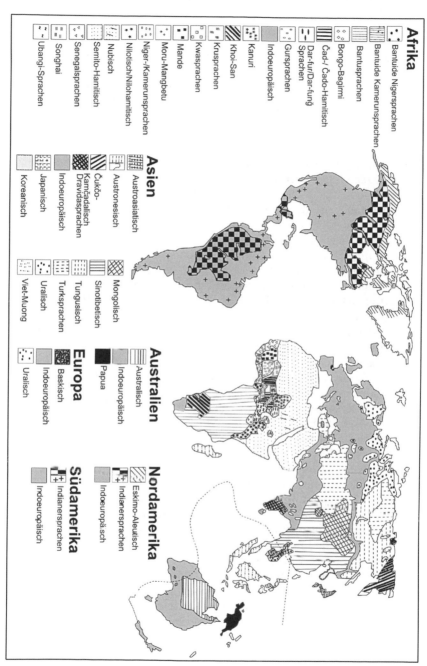

Abb. 1: Die Sprachfamilien der Welt

5

2.2 Germanisch

Innerhalb der indoeuropäischen Sprachfamilie zählt das Deutsche zum germanischen Sprachzweig. Als **Germanen** wird eine Gruppe bezeichnet, deren Mitglieder sich ab ca. 1000 v.Chr. von Südskandinavien aus nach Süden verbreiteten und dabei andere indoeuropäische Gruppen, vor allem Kelten, verdrängten oder sich mit ihnen vermischten. Ihre Sprache, das Gemeingermanische (im Sinne von „gemeinsames Germanisch"), wird etwa für die Zeit 1000 v.Chr. bis 200 n.Chr. angesetzt. Für „Gemeingermanisch" wird meist auch nur „Germanisch" gesagt, wobei es sich natürlich immer um einen rekonstruierten Sprachstand auf der Basis der sich später entwickelnden Einzelsprachen handelt, da das Gemeingermanische als solches nicht erhalten ist. Nach 200 n.Chr. kam es zu verstärkten Abwanderungen, durch die unterschiedliche innergermanische Sprach- bzw. Dialektverbünde entstanden, die meist als Ost-, Nord- und Westgermanisch bezeichnet werden. Bekanntester Vertreter des ausgestorbenen **Ostgermanischen** ist das Gotische, in dem auch der älteste germanische Text verfasst ist, nämlich eine griechisch-gotische Übersetzung des neuen Testaments aus dem 4. Jh. n.Chr. (die sog. Wulfila-Bibel). Aus dem **Nordgermanischen** entwickelten sich die heutigen skandinavischen Sprachen, also Dänisch, Faröisch, Isländisch, Schwedisch und Norwegisch. Nachkommen des **Westgermanischen** sind zum einen das Friesische, das heute noch in Friesland in den Niederlanden sowie auf den nordfriesischen Inseln Sylt und Föhr gesprochen wird. Zum anderen gehören dazu die heutigen deutschen Dialekte, d.h. u.a. Hessisch, Thüringisch, Bairisch (im Bundesland Bayern und in Österreich), Alemannisch (im Bundesland Baden-Württemberg, der Schweiz und im österreichischen Bundesland Vorarlberg), Sächsisch (in Schleswig-Holstein, Niedersachsen und Nordrhein-Westfalen). Auf das historische Sächsische (das mit dem im Bundesland Sachsen gesprochenen Obersächsischen nur den Namen gemeinsam hat) gehen letztendlich auch Niederländisch und Englisch zurück.

Die stärksten Wanderbewegungen der Germanen erfolgten in der Zeit der **Völkerwanderung** von ca. 350 bis 550 n.Chr. Relativ zu Beginn wanderten Angeln und Sachsen vom Kontinent auf die (u.a. von britischen Kelten besiedelten) britischen Inseln. Das heutige Südbayern und Teile Österreichs wurden dagegen nicht vor dem 6. bis 8. Jh. n.Chr. durch bairischsprachige Westgermanen besiedelt (Karte nach König 2007: 58).

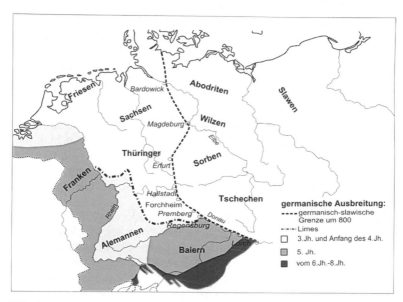

germanische Ausbreitung:
- - - germanisch-slawische
  Grenze um 800
–·–·– Limes
☐ 3.Jh. und Anfang des 4.Jh.
▨ 5. Jh.
■ vom 6.Jh.-8.Jh.

Abb. 2: Ausbreitung der Germanen bis zum 8. Jh. n.Chr.

Erst in der Zeit danach erfolgte die Ausbreitung deutscher Dialekte in den Osten des heutigen Deutschland, der bis dahin slawisch besiedelt war. Davon zeugen noch immer slawische Ortsnamen wie *Berlin* (‚Sumpf‘), *Schwerin* (‚Wildgehege, Tiergarten, Gestüt‘), *Chemnitz* (‚Steinbach, steiniger Bach‘) sowie die noch heute existierende westslawisch-sorbische Sprachinsel in der Lausitz, an der polnischen Grenze im Osten von Sachsen und im Süden von Brandenburg.

2.3 Deutsch

Wie bereits erwähnt, kann mit „Deutsch" die überregionale, seit etwa dem 16. Jh. sich entwickelnde Verkehrssprache gemeint sein oder die deutschen Dialekte, also regionale Sprachvarianten, die letztendlich auf Sprachen der verschiedenen westgermanischen Stämme zurückgehen.

Die deutsche Dialekt- bzw. Regiolektlandschaft ist zweigeteilt. Nördlich der **Benrather Linie**, die etwa zwischen Aachen und Frankfurt an der Oder verläuft, wird **Niederdeutsch** gesprochen, südlich davon **Hochdeutsch**. Die hochdeutschen Dialekte selbst werden wiederum in **Mitteldeutsch** in der Mitte und **Oberdeutsch** im Süden des deutschen Sprachgebietes unterteilt. Oberdeutsch wird südlich, Mitteldeutsch nördlich der sog. **Speyerer Linie** gesprochen, die etwa zwischen Straßburg und Plauen verläuft.

Abb. 3: Nieder-, Mittel- und Oberdeutsch (Karte in Anlehnung an Moser 1969: Karte 13; Vandeputte 1995: 10)

Niederdeutsch wird landläufig außerdem **Plattdeutsch** genannt. Auch Dialekte im westmitteldeutschen, also hochdeutschen, Bereich heißen manchmal „Platt " (z.B. das „Siegerländer Platt"). Dabei handelt es sich jedoch lediglich um ein umgangssprachliches Wort für Dialekt, es heißt nicht, dass hier eine niederdeutsche Sprachvariante gesprochen wird.

Die Trennung in Niederdeutsch und Hochdeutsch ergibt sich vor allem aus bestimmten Lautunterschieden zwischen beiden Dialektgruppen. Ein besonders augenfälliger Unterschied ist der, dass in niederdeutschen Dialekten *p, t* und *k* vorkommen, während sich in hochdeutschen Dialekten (und deshalb auch im Standarddeutschen) *f* oder *pf* statt *p, s* oder *z* statt *t* und *ch* statt *k* finden. (Auf eine phonetisch-phonologische Transkription wird an dieser Stelle noch verzichtet – siehe dazu Kapitel 3 –, die hier verwendete Verschriftung will die Lautung nur andeuten.)

Lautunterschiede	Niederdeutsch	Standarddeutsch
p/f	Wa**p**en	Wa**ff**e
p/pf	A**pp**el	A**pf**el
t/s	Wa**t**er	Wa**ss**er
t/z	**T**ung	**Z**unge
k/ch	ka**k**en (ko**k**en)	ko**ch**en

Tab. 2: Die Hochdeutsche Lautverschiebung 1

Dieser Unterschied ist Teil eines Phänomens, das Hochdeutsche oder Zweite Lautverschiebung genannt wird (vgl. Kapitel 4.1). Die Lehrmeinung geht dahin, dass (neben anderen Erscheinungen) die (gemein)germanischen Konsonanten *p, t* und *k* in den hochdeutschen Dialekten im Gegensatz zu den anderen germanischen Dialekten und Sprachen zu *f/pf, s/z* und *ch* verändert bzw. verschoben wurden. Deshalb finden sich in den hochdeutschen Dialekten und im Standarddeutschen oft *f, pf, s, z* und *ch*, wo nicht nur Niederdeutsch, sondern auch die anderen germanischen Sprachen *p, t* und *k* haben.

Lautunter-schiede	Englisch	Schwedisch	Standard-deutsch
p/f	wea<u>p</u>on	va<u>p</u>en	Wa<u>ff</u>e
p/pf	a<u>pp</u>le	ä<u>pp</u>le	A<u>pf</u>el
t/s	wa<u>t</u>er	va<u>tt</u>en	Wa<u>ss</u>er
t/z	<u>t</u>ongue	<u>t</u>unga	<u>Z</u>unge
k/ch	coo<u>k</u>	ko<u>k</u>a	ko<u>ch</u>en

Tab. 3: Die Hochdeutsche Lautverschiebung 2

Diese Veränderung wird auf etwa 500 bis 800 n.Chr. datiert und damit auf die Zeit vor der Überlieferung der ältesten deutschen Texte. Niederdeutsch und Hochdeutsch (letzteres als Zusammenfassung von Mittel- und Oberdeutsch) werden zeitlich meist folgendermaßen eingeteilt. Dabei bezieht sich der erste Bestandteil der Bezeichnung auf die zeitliche (Jahresangaben n.Chr.), der zweite auf die geographische Einteilung.

Niederdeutsch	
800-1100	Altniederdeutsch (auch Altsächsisch genannt)
1100-1600	Mittelniederdeutsch
ab 1600	Neuniederdeutsch

Hochdeutsch	
750-1050	Althochdeutsch
1050-1350	Mittelhochdeutsch
1350-1650	Frühneuhochdeutsch
ab 1650	Neuhochdeutsch

Tab. 4: Zeitliche Einteilung des Nieder- und Hochdeutschen

Aus **althochdeutscher** Zeit liegen in Stammesdialekten verfasste Schriftstücke vor, wobei sich ein gewisser fränkischer Schwerpunkt aufgrund der politischen Verwaltung durch das fränkische Reich beobachten lässt (dieser Begriff geht auf den Stamm der Franken zurück, die heutige Region Franken in Nordbayern hat damit nur den Namen gemeinsam). Latein ist Vorbildsprache mit starkem Einfluss besonders auf den Wortschatz, z.B. sind selbst heutige Wörter des Alltagswortschatzes wie *Fenster* (lat. *fenestra*), *Pferd* (lat. *paraveredus*) oder *Wein* (lat. *vinum*) lateinischen Ursprungs. Die Zweite bzw. Hochdeutsche Lautverschiebung ist bereits durchgeführt. Dadurch stehen schon althochdeutsche Dialekte in Opposition zu allen anderen germanischen Sprachen bzw. Dialekten.

9

Aus **mittelhochdeutscher** Zeit ist eine erste überregionale Sprachform der an oberdeutschen Dialekten ausgerichteten Dichtersprache überliefert, die ihr Vorbild in der französischen höfischen Ritterkultur hat. Das ist v.a. in der Lexik fassbar, man vgl. *Turnier* (mhd. *turnīr* aus altfrz. *tornier*) oder *Palast* (mhd. *palas(t)* aus altfrz. *palais*). Für die **frühneuhochdeutsche** Zeit kann man ein vermehrtes Schrifttum v.a. im Bereich von Verwaltung, Recht und Handel beobachten. Dadurch bilden sich verschiedene regionale Schreiblandschaften heraus, was erst sukzessive zu einer großräumigeren Schriftsprache auf der Basis ostmitteldeutscher Mundarten führt, bedingt durch die Luther'sche Bibelübersetzung. Es herrscht noch große Varianz im Bereich von Schreibung und Grammatik. In Bereich der Fachsprachen wird der Einfluss des Lateinischen deutlich, man vgl. z.b. heutige Rechts- und Verwaltungstermini wie *Testament* (lat. *testamentum*) oder *Register* bzw. *Registratur* (lat. *registrum*).

In **neuhochdeutscher** Zeit wird diese Schriftsprache auf der Basis ostmitteldeutscher Mundarten im gesamtdeutschen Raum als überregionale Verkehrssprache akzeptiert. Es bildet sich eine Norm im Bereich Rechtschreibung, Morphologie und Syntax heraus. Hinsichtlich des Wortschatzes werden ab dem 18. Jh. verstärkt aus allen Lebensbereichen Wörter aus dem Englischen entlehnt, vgl. *Parlament*, *Sport*, *Stress*, *fair*, *Smoking*, *Keks* (engl. *cakes*). Zusätzlich entsteht eine gesprochene Variante dieser Schriftsprache (Umgangssprache), die zu den alten Dialekten in Konkurrenz tritt. Die Dialekte nehmen damit eine eigene, von der Schriftsprache abgesetzte mündliche (und teilweise auch verschriftete) Existenzform an. Für die neuhochdeutsche Zeit verfolgt die Sprachgeschichtsforschung deshalb sowohl die Entwicklung der Dialekte als auch die Entwicklung des Standarddeutschen.

Heute finden sich die nieder- und hochdeutschen Dialekte in etwa in der regionalen Verteilung, wie auf der folgenden Seite dargestellt (Tabelle nach Gross 1998: 158; Karte in Anlehnung an Gross 1998: 158, Moser 1969: Karte 13 und Vandeputte 1995: 10). Durch den Einfluss von Luthers Bibelübersetzung (1522-1534) war es v.a. das **Ostmitteldeutsche** (genauer: das Frühneu-Ostmitteldeutsche), also Thüringisch und Obersächsisch, das die Basis des Standarddeutschen bildete.

Nieder-deutsch	**Westniederdeutsch**		**Ostniederdeutsch**	
	Nordniedersächsisch		Mecklenburgisch	
	Westfälisch	Ostfälisch	Märkisch	
Mittel-deutsch	**Westmitteldeutsch**		**Ostmitteldeutsch**	
	Ripuarisch	Hessisch	Thürin-	Ober-
	Moselfränkisch	Rheinfränkisch	gisch	sächsisch
Ober-deutsch	**Nordoberdeutsch**			
	Ostfränkisch			
	West-oberdeutsch	Südfränkisch	Nordbairisch	**Ost-oberdeutsch**
	Nieder-alemannisch	Schwäbisch	Mittelbairisch	
	Hochalemannisch		Südbairisch	

Tab. 5: Einteilung der deutschen Dialekte

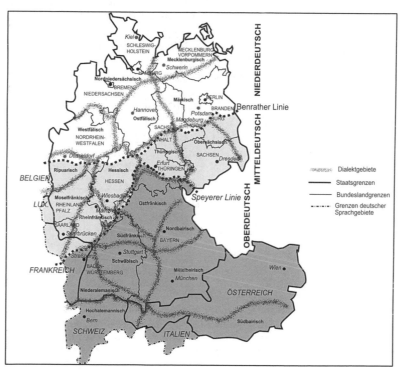

Abb. 4: Einteilung der deutschen Dialekte

11

2.4 Zusammenfassung

- Das Deutsche gehört zur indoeuropäischen Sprachfamilie, und zwar zum germanischen Sprachzweig, hier wiederum zum Westgermanischen, dem neben Deutsch auch Niederländisch, Englisch und Friesisch angehören.
- Das deutsche Dialektgebiet wird durch die Benrather Linie getrennt, die etwa zwischen Aachen und Frankfurt an der Oder verläuft. Nördlich davon liegen die niederdeutschen, südlich davon die hochdeutschen Dialekträume. Das hochdeutsche Gebiet wird durch die Speyerer Linie unterteilt, die etwa zwischen Straßburg und Plauen verläuft. Nördlich davon liegt der mitteldeutsche, südlich davon der oberdeutsche Dialektraum.
- Deutsche Dialekte sind seit dem 8. Jh. n.Chr. belegt. Deutsch als überregionale Verkehrssprache entwickelt sich erst seit dem 16. Jh., basierend auf hochdeutschen, schwerpunktmäßig ostmitteldeutschen, Dialekten.
- Als Zeiteinteilung für das Hochdeutsche gilt (jeweils n.Chr.): Althochdeutsch 750-1050, Mittelhochdeutsch 1050-1350, Frühneuhochdeutsch 1350-1650, Neuhochdeutsch ab 1650.

Grundbegriffe: Indoeuropäisch, (Gemein)Germanisch, Ostgermanisch, Nordgermanisch, Westgermanisch, Niederdeutsch/Plattdeutsch, Hochdeutsch, Benrather Linie, Speyerer Linie, Zweite bzw. Hochdeutsche Lautverschiebung, Althochdeutsch, Mittelhochdeutsch, Frühneuhochdeutsch, Neuhochdeutsch, Standarddeutsch.

Aufgabe 1: Überprüfen Sie, zu welchen Sprachfamilien bzw. -zweigen die folgenden Sprachen gehören: Jakutisch, Jiddisch, Kasachisch, Madagassisch, Maltesisch, Moldawisch, Mongolisch, Rumänisch, Singhalesisch, Tamilisch.
Aufgabe 2: Definieren Sie kurz, was man unter *Mittelhochdeutsch* versteht.
Aufgabe 3: Überprüfen Sie im „Etymologischen Wörterbuch der deutschen Sprache" von Friedrich Kluge, woher der Begriff *deutsch* stammt.
Aufgabe 4: Überlegen Sie, worauf die Begriffe für ‚deutsch' im Englischen (*german*), Französischen (*allemand*) und Italienischen (*tedesco*) verweisen.
Aufgabe 5: Überprüfen Sie in einem Fremdwörterbuch, aus welchen Sprachen die folgenden Wörter des Deutschen stammen: *Slalom, Husar, Barock, Akkordeon, Horizont, Geysir, Lagune, Profit, Retriever, Silo, Karaffe, Anorak.*

Weiterführende Literatur: Zu den germanischen Sprachen: Hutterer (2008), Speyer (2007); Zur Rolle Luthers in der deutschen Sprachgeschichte: Besch (2000); Zur deutschen Sprachgeschichte allgemein vgl. den Abschnitt „Grammatiken, Handbücher und Einführungen zur deutschen Sprachgeschichte" im Literaturverzeichnis.

3 Lautwandel: Grundlagen

Ziel dieses Kapitels ist es, nach einem Einführungsteil zu Konsonanten und Vokalen, allgemeine Lautwandelerscheinungen und ihre Merkmale vorzustellen.

3.1 Konsonanten und Vokale

Der spezifische Klang von Konsonanten und Vokalen kommt dadurch zustande, dass der Luftstrom aus der Lunge zwischen Kehlkopf und dem Austritt durch Mund oder Nase jeweils auf eine bestimmte Weise geformt wird.

Dabei gelten **Vokale** als Öffnungslaute, da die Luft locker ausströmt und nirgendwo ein Hindernis aufgebaut wird. Gleichzeitig sind Vokale prinzipiell stimmhaft, da bei ihrer Bildung die Stimmlippen im Kehlkopf in Schwingung versetzt werden. Diese Schwingung zeigt sich auch durch ein Summen, wenn man sich bei der Lautbildung die Ohren zuhält.

Obwohl die Luft ungehindert ausströmt, ergeben sich unterschiedliche Vokale. Die Unterschiedlichkeit ist durch jeweils spezifische Stellungen von Zunge und Kiefer bedingt. Die Vokale werden meist graphisch in einem Vokalviereck oder Vokaldreieck dargestellt, das einen Querschnitt durch den Mundraum darstellt. Die Vokale sind darin durch Knotenpunkte repräsentiert, deren Position die jeweilige Stellung von Zunge/Kiefer in vertikaler und horizontaler Hinsicht wiedergibt.

Aus Übersichtlichkeitsgründen wird in dieser Darstellung das einfachere **Vokaldreieck** verwendet (links ist dabei im Mundraum vorne, rechts hinten) (zu einer Darstellung des Vokalvierecks vgl. Anhang II). Die folgende Skizze zeigt die wichtigsten Vokale des Standarddeutschen mit Beispielen. Die Schreibung der Laute (Phone) erfolgt nach dem IPA (International Phonetic Alphabet), die außerdem grundsätzlich in eckige Klammern gesetzt werden (vgl. auch Anhang I).

13

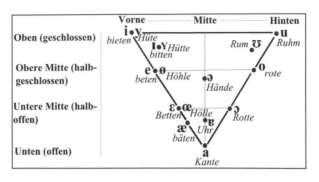

Abb. 1: Vokaldreieck des Standarddeutschen

Damit ist ein [ɔ] wie in *Rotte* ein vertikal mittlerer (untere Mitte) und horizontal hinterer Vokal, ein [æ] wie in *bäten* ein vertikal unterer und horizontal vorderer Vokal. Die vorderen Vokale [y, ʏ, ø, œ] ebenso wie die hinteren Vokale [u, o, ɔ] sind zudem labialisiert bzw. gerundet, d.h., sie werden mit gerundeten Lippen gesprochen. Die vorderen Vokale [y, ʏ, ø, œ] unterscheiden sich von ihren ungerundeteten „Partnern" [i, ɪ, e, ɛ] außerdem durch eine minimal weiter hinten ausgeführte Artikulation. Die Vokale [ə] und [ɐ] sind die einzigen Vokale des Standarddeutschen, die horizontal gesehen in der Mitte stehen. Sie werden auch Reduktionsvokale, Murmelvokale oder *e*-Schwa und *a*-Schwa genannt („Schwa" ist ursprünglich der Name eines unbetonten *e*-artigen Vokals im Hebräischen). Die Schwalaute sind im Deutschen grundsätzlich nicht betont: [ˈhɛn.də] <Hände> mit *e*-Schwa, [ˈuːɐ] <Uhr> mit *a*-Schwa (mit „." wird die Grenze zwischen zwei Silben markiert, „ˈ" steht vor der Silbe mit der Hauptbetonung, „ː" steht für Länge). Jede Silbe hat außerdem einen vokalischen Kern (Nukleus), der entweder aus einem Vokal (**Monophthong**) oder zwei Vokalen (**Diphthong**) wie in [ˈuːɐ] besteht.

Die Unterscheidung zwischen eckigen und spitzen Klammern ist wichtig, da sonst nicht deutlich zwischen Phonen (in eckigen Klammern) und Buchstaben (in spitzen Klammern) unterschieden werden kann. So weist <Uhr> zwar im Geschriebenen einen Konsonantenbuchstaben <r> auf, der aber für das Vokalphon [ɐ] steht. Für das lange Phon [uː] werden dagegen die zwei Buchstaben <uh> geschrieben. Für den langen Monophthong [iː] wie in *bieten* werden wiederum die zwei Vokalbuchstaben <ie> geschrieben.

Im Gegensatz zu Vokalen können **Konsonanten** entweder stimmhaft oder stimmlos sein, zudem sind sie nicht Öffnungs-, sondern Hindernislaute, d.h., bei ihrer Bildung oder Artikulation wird ein Hindernis aufgebaut, der Luftstrom irgendwo gestaut. Jeder Konsonant wird nun danach eingeordnet, wo bzw. an welchem Ort dieses Hindernis gebildet ist (Artikulationsort) und wie bzw. auf welche Art es beseitigt wird (Artikulationsart). Die folgende Tabelle zeigt die wichtigsten Konsonanten des Deutschen (inkl. häufiger regionaler Varianten, in Klammern gesetzt), wobei bei Paaren links die stimmlose (sl), rechts die stimmhafte (sh) Variante aufgelistet ist (s. dazu auch die Anhänge I (inkl. Beispielen) und II). Auch hier erfolgt die Schreibung der Phone nach dem IPA.

Artikula-tionsort	Artikulationsart															
	1 bilabial		2 labio-dental		3 alveolar		4 post-alveolar		5 palatal		6 velar		7 uvular		8 glottal	
	sl	sh	sl	sh	sl	sh	sl	sh	sl	sh	sl	sh	sl	sh	sl	sh
Plosive	p	b			t	d					k	g			ʔ	
Affrikaten	p͡f				t͡s		t͡ʃ									
Frikative			f	v	s	z	ʃ	ʒ	ç	j	x		ʁ	χ	h	
Nasale		m				n						ŋ				
Vibranten						(r)							(ʀ)			
Approximanten				(ʋ)					l			(j)				

Tab. 1: Konsonantensystem des Deutschen (regionale Varianten in Klammern)

Horizontal sind in der Tabelle die Artikulations- oder Hindernisorte aufgelistet, wobei man sich im Mundraum von vorne nach hinten bewegt, d.h. von den Lippen zur Glottis, der Stimmritze zwischen den Stimmbändern im Kehlkopf.

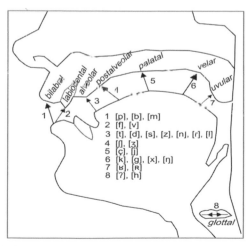

Abb. 2: Artikulationsorte deutscher Konsonanten

15

Vertikal sind in der Tabelle die Artikulations- oder Hindernisarten aufgelistet, und zwar nach dem steigenden Öffnungsgrad. Am oberen Ende stehen die **Plosive**, die einen kompletten Verschluss aufweisen wie etwa [p]. Ganz unten finden sich im Standarddeutschen die extrem offenen **Approximanten** [j], [ʋ] und [l], die „sich (den Vokalen) Nähernden". [l] heißt lateraler Approximant oder einfach Lateral, da hier die Luft lateral, d.h. an der Seite, ausströmt. Nicht laterale Approximanten werden auch Halbvokale genannt. Etwa in der Mitte stehen die im Deutschen sehr häufigen **Frikative** oder Reibelaute (auch Sibilanten genannt), die zumindest eine kleine Öffnung aufweisen, durch die die Luft hindurchgerieben wird, z.b. [s], [z]. Dazwischen befinden sich die **Affrikaten**, kombinierte Artikulationen (was durch einen Bogen unter den beiden Konsonantenmarkiert wird) von Plosiven und Frikativen. Auf Plosive, Affrikaten und Frikative als echte Hindernislauten (**Obstruenten**) folgen **Nasale** und **Vibranten** (auch Trills genannt), da sie Verschluss und Öffnung kombinieren. Bei den Nasalen wird der Mundraum verschlossen, der Luftstrom umgeht dieses Hindernis jedoch durch die Nase, etwa bei [m]. Trills bzw. Vibranten lassen Verschluss und Öffnung durch Vibration in kurzen Abständen aufeinander folgen. So vibriert beim süddeutschen [r] die Zungenspitze an den Alveolen, während beim norddeutschen [R] die Uvula am Zungenrücken vibriert. Trills bzw. Vibranten werden zusammen mit dem lateralen Approximanten [l] auch als Liquidalaute oder **Liquidae** („Flüssiglaute") bezeichnet, weil die Luft hier relativ ungehindert ausströmt. Im Gegensatz zu den Obstruenten werden Liquidae und Nasale sowie alle Approximanten aufgrund ihrer Offenheit sowie Stimmhaftigkeit und damit Vokalnähe auch als (konsonantische) **Sonoranten** zusammengefasst. Also:

Obstruenten		Plosive
		Affrikaten
		Frikative
Sonoranten	Liquidae	Nasale
		Trills/Vibranten
		Laterale Approximanten
		Approximanten

Tab. 2: Artikukulationsarten deutscher Konsonanten

So erhält man eine Reihenfolge, die auch als **Sonoritätshierarchie** bezeichnet wird:

(1) Obstruenten (Plosive – Affrikaten – Frikative) – Sonoranten (Nasale – Liquidae – Approximanten) – Vokale

Im Hinblick auf die historische Sprachwissenschaft ist es natürlich nicht möglich zu sagen, wie ein Laut früher genau ausgesprochen wurde. Deshalb orientiert man sich meist an der Schreibung. Buchstaben beziehen sich aber nicht auf Phone, sondern auf **Phoneme**, also nur bedeutungsunterscheidende Laute. Die drei stimmlosen Frikativ-Phone, palatales [ç] wie in *Licht*, velares [x] wie in *Loch* und uvulares [χ] wie in *Dach*, sind im Standarddeutschen zwar verschiedene Laute, aber nicht bedeutungsunterscheidend. Vielmehr werden sie in Abhängigkeit von dem vorausgehenden Laut artikuliert. So folgt palatales [ç] auf vordere Vokale oder Konsonanten, velares [x] auf hintere Vokale, uvulares [χ] auf den mittleren Vokal [a]; einige Sprecher artikulieren auch nach [a] grundsätzlich das velare [x]. Ein Austausch des einen Lautes gegen den anderen würde in keinem einzigen Wort des Deutschen zu einem Bedeutungsunterschied führen, auch wenn es seltsam klingen würde. Deshalb werden die drei Frikativ-Laute zu einem Phonem zusammengefasst und heißen Repräsentanten (sog. Allophone) dieses Phonems. Phoneme werden zwischen Schrägstriche gesetzt, wobei eines der möglichen Phonzeichen (mehr oder weniger willkürlich) für die Notation festgelegt ist. Die drei Phone [ç], [x] und [χ] werden im Deutschen durch das Phonem /ç/ repräsentiert. [ç], [x] und [χ] sind phonetisch gesehen nicht viel ähnlicher oder unähnlicher als [s] und [z]. Trotzdem repräsentieren die letzteren Phone zwei verschiedene Phoneme (/s/ und /z/), da ein Austausch in mehreren Fällen zu Bedeutungsunterschieden führt, vgl. *reisen* mit [z] und *reißen* mit [s]. Dieser Unterschied ist auch in der Schrift durch den Gegensatz von <s> und <ß> repräsentiert, während [ç], [x] und [χ] immer <ch> geschrieben werden. Das Schriftpendant zu einem Phonem wird **Graphem** genannt und kann aus einem oder mehreren Buchstaben bestehen, z.B. <s> für /z/ oder <sch> für /ʃ/.

Wenn keine explizite Unterscheidung zwischen Phonen, Phonemen und Buchstaben bzw. Graphemen nötig (und evtl. auch möglich) ist, werde ich nicht weiter spezifizieren und lediglich Kursivschreibung verwenden.

3.2 Veränderungen von Vokalen

Vokale können sich im Laufe der Zeit dahingehend verändern, dass sie im Vokaldreieck Bewegungen in vertikaler und/oder horizontaler Richtung vollziehen. Vertikale Richtungsveränderungen werden **Hebung** bzw. **Senkung** genannt, horizontale Richtungsveränderungen **Palatalisierung** (Verschiebung nach vorne, auch *fronting*) bzw. **Velarisierung** (Verschiebung nach hinten, auch *backing*). Die Begriffe Palatalisierung und Velarisierung haben nichts damit zu tun, dass Vokale am Palatum (harter Gaumen) oder Velum (weicher Gaumen) gebildet werden, sondern nur damit, dass das Palatum weiter vorne, das Velum weiter hinten liegt. Es wird also einfach nur ihre räumliche Anordnung verallgemeinert und auf vorne/hinten-Verschiebungen übertragen. Natürlich sind auch Kombinationen von vertikalen und horizontalen Veränderungen möglich, wenn nicht sogar das Übliche.

Wenn also mhd. *bein* /bɛin/ zu fnhd. /bain/ wird, so liegt im Vokalbereich eine Veränderung /ɛ/ zu /a/ vor und damit eine Kombination von Senkung und Velarisierung. In der Schreibung schlägt sich diese Veränderung nicht nieder, hier haben wir mit *Bein* im Prinzip immer noch die mittelhochdeutsche Form. Wenn dagegen ahd. *oli* /ɔli/ ,Öl' zu mhd. *öle* /œlə/ wird, sehen wir zwei Veränderungen. Bei /ɔ/ zu /œ/ findet nur eine Palatalisierung statt, bei /i/ zu /ə/ gleichzeitig eine Senkung und eine Velarisierung.

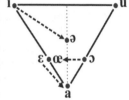

3.3 Veränderungen von Konsonanten

Bei Veränderungen hins. des Artikulationsortes kann man parallel zu Vokalen auch bei Konsonanten von Palatatisierung (Verschiebung nach vorne) und Velarisierung (Verschiebung nach hinten) sprechen.

Wenn also aus fnhd. *nifftel* das nhd. *Nichte* wird (vgl. aber noch *Neffe*), hat hins. des Artikulationsortes des Frikativs eine Velarisierung, d.h. eine Verschiebung nach hinten (labiodental zu palatal) stattgefunden.

Im Bereich der Veränderung der Artikulationsart von Konsonanten spricht man meist von **Lenisierung** und **Fortisierung**. Die Prozesse werden auch mit „Erweichung" und „Verhärtung" umschrieben, da es sich um ein Nachlassen bzw. Zunehmen des Atemdrucks und der Muskelspannung handelt, wodurch der Konsonant „weicher" bzw. „härter" klingt. Dies korreliert

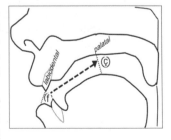

direkt mit dem Öffnungsgrad „offener" bzw. „geschlossener", wie in der Sonoritätshierarchie dargestellt.

(2)   **Fortispol** – Plosiv (*p* usw.) – Affrikate (*pf* usw.) – Frikativ (*f* usw.) – Nasal (*m* usw.) – Liquida (*r* usw.) – Approximant (*j*) – **Lenispol**

Diese Reihung kann im Bereich der Plosive und Frikative noch hins. Stimmhaftigkeit und Stimmlosigkeit spezifiziert werden, wobei Stimmhaftigkeit zum Lenispol zeigt und Stimmlosigkeit zum Fortispol. (Manchmal wird auch in der Reihenfolge „stimmlose Obstruenten – stimmhafte Obstruenten" (z.B. Jespersen 1904) geordnet.)

(3)   **Fortispol** – stimmloser Plosiv – stimmhafter Plosiv – stimmlose Affrikate – stimmhafte Affrikate – stimmloser Frikativ – stimmhafter Frikativ – Nasal – Liquida – Approximant – **Lenispol**

Wenn also ahd. *sehs* /sɛçs/ zu fnhd. /zɛks/ (vgl. auch neuengl. *six*) wird (Ebert et al. 1993: 101), so liegt bei /ç/ zu /k/ eine Fortisierung vor, da sich der Frikativ zum Plosiv wandelt. Die Schreibung zeigt wiederum den älteren Zustand noch mit Frikativ. Daneben liegt bei /s/ zu /z/ eine Lenisierung vor, da der stimmlose Frikativ stimmhaft wird.

Man kann prinzipiell auch noch weiter gehen und Vokale als typische Lenislaute ansetzen, da sie extrem offen und immer stimmhaft sind. Wird ein Konsonant also zu einem Vokal, läge in dieser Interpretation das Phänomen der Lenisierung vor. Eine **Vokalisierung** kann damit auch als spezifisches Phänomen von Lenisierung gedeutet werden. Ein solcher Wandel ist in mehreren Sprachen eingetreten und betrifft offenbar oft die ohnehin schon vokalnahen (konsonantischen) Sonoranten. Im Neuhochdeutschen sind beispielsweise auslautende *r*-Laute zu einem *a*-Schwa lenisiert worden. Die ältere Aussprache mit *r* zeigt sich zwar noch in der Schreibung <tiefer> oder <Uhr>, man spricht aber [tiːfɐ] und [uːɐ] (dabei ist in *tiefer* zusätzlich das *e* in der Endung *er* ausgefallen). Auch der traditionell sog. „Nasalausfall mit Ersatzdehnung" kann als Vokalisierung gedeutet werden (vgl. Haas 1983: 1114f.), da der ursprüngliche Nasal erst vokalisiert worden und dann mit dem davor stehenden Vokal zu einem langen Monophthong (Einfachvokal) verschmolzen ist. So wurde germ. **gans* zu altengl. und mittelniederdt. *gōs* (neuengl. *goose,* neuniederdt. *Goos*), ohne Nasal, aber mit langem Vokal. Niederl. *gans* bzw. deutsch *Gans* haben sowohl Kurzvokal als auch Nasal beibehalten (vgl. Kluge: s.v. *Gans*). (Der Asterisk genannte Stern * symbolisiert in der historischen Sprachwissenschaft im Übrigen, dass es sich um rekonstruierte und nicht um tatsächlich in Texten belegte Formen handelt.)

3.4 Elision und Epenthese von Konsonanten und Vokalen

Wie bei Fortisierung und Lenisierung handelt es sich auch bei Elision (Ausfall oder Tilgung) und Epenthese (Hinzufügung) um gegenläufige Prozesse. Einige Linguisten betrachten die Elision sogar als Unterart der Lenisierung, da hier die „Erweichung" sozusagen so extrem ist, dass überhaupt nichts mehr artikuliert wird. Zuerst zur **Elision**, von der typischerweise Vokale betroffen sind. Prinzipiell kann man auch **Vokalkürzungen** als besondere Form der Elision betrachten, etwa wenn mhd. *wâfen* mit langem *a* (quasi *aa*) zu fnhd. *waffe* mit kurzem *a* wird.

Man unterscheidet meist einen Lautausfall am Ende des Wortes (Apokope), innerhalb des Wortes (Synkope) und am Anfang des Wortes (Prokope).

Am häufigsten ist im Deutschen und in den germanischen Sprachen ganz allgemein die **Apokope**, und zwar von unbetonten Vokalen. Daraus resultieren fest gewordene apokopierte Formen wie etwa fnhd. *herr*, das noch mhd. *hèrre* lautet. Im gesprochenen Gegenwartsdeutsch ist die Vokalapokope sogar ziemlich häufig, und zwar im Imperativ Singular (*kauf!* statt *kaufe!*) oder in der 1. Person Singular der Verben im Präsens (*ich geb* statt *ich gebe*).

Wenn mhd. *obez* zu fnhd. *obs* (nhd. *Obst*) wird, so ist hier eine vokalische **Synkope** fest geworden. Eine konsonantische finden wir bei fnhd. *dinte* (nhd. *Tinte*) aus mhd. *tincte* (zu lat. *aqua tincta* ‚gefärbtes Wasser'). Im Gegenwartsdeutschen werden etwa Vokale in der 1. Person Singular der Verben im Präsens synkopiert, vor allem wenn der Stamm auf *-el* auslautet: synkopiertes *ich grüble* gegenüber nicht synkopiertem *ich grübele*. Im Englischen variiert *is not* in bestimmten Kontexten mit synkopiertem *isn't*.

Relativ selten ist die **Prokope** (auch Aphärese genannt). Fest geworden ist sie etwa in mhd. *ros* (nhd. *Ross*) aus ahd. *hros* (vgl. noch engl. *horse*). Auch das heutige *tschüss* ist aus prokopiertem norddeutschem *adschüs* entstanden, das sich über *adjüs* aus in die Seemannssprache entlehntem span. *adiós* entwickelte. Im gesprochenen Gegenwartsdeutsch findet man eine Prokope in Fällen wie *raus* statt *heraus*, *rein* statt *herein* u.Ä. Im Englischen variiert in bestimmten Kontexten *I am* mit prokopiertem *I'm* oder *it is* mit prokopiertem *it's*.

Auch **Epenthesen**, also Hinzufügungen, können am Anfang, im Inneren oder am Ende von Wörtern stattfinden.

Einen zusätzlichen Konsonanten oder Vokal am Wortende finden wir etwa in mhd. *palast* aus altfrz. *palas*, in der Wortmitte in fnhd. *eigentlich* aus mhd. *eigenlich*, am Wortanfang in span. *espiritu* bzw. *escuela* aus lat. *spiritus* bzw. *schola*. Epenthetisierte Vokale werden auch **Sproßvokale** genannt.

Prinzipiell kann man auch **Vokaldehnungen** als spezifisches Phänomen der Epenthese betrachten, etwa wenn mhd. *vater* mit kurzem *a* zu fnhd. *vater* mit langem *a* wird.

3.5 Assimilation und Dissimilation

Oft liest man auch, dass es sich bei der Entwicklung von /ɔ/ zu /œ/ wie in ahd. *oli* /ɔli/ ‚Öl' zu mhd. *öle* /œlə/ um eine Assimilation handelt. Das ist jedoch nicht ganz korrekt ausgedrückt, denn man muss hier zwei Dinge trennen. Grundsätzlich handelt es sich vom Phänomen her deskriptiv erst einmal um eine Verschiebung im Vokaldreieck, hier konkret um eine Palatalisierung, also ein Nach-vorne-Verschieben. Die nächste Frage kann dann lauten, ob die jeweiligen Veränderungen möglicherweise durch andere Laute in der Umgebung bedingt (konditioniert) sind oder nicht. Man unterscheidet deshalb zwischen **konditioniertem Lautwandel** (d.h. durch einen anderen Laut bedingten Lautwandel) und nicht konditioniertem bzw. **spontanem Lautwandel** (d.h. nicht durch einen anderen Laut bedingten Lautwandel).

Falls es Grund zu der Annahme gibt, dass Veränderungen eines Lautes durch einen anderen Laut in der Umgebung bedingt sind, kann es sich bei der Veränderung entweder um eine **Assimilation** (eine „Ähnlich-" oder „Gleich-Machung" an diesen anderen Laut) handeln oder um eine **Dissimilation** (eine „Verschieden-Machung" von diesem anderen Laut). Während bei der Assimilation also unterschiedliche Laute vorliegen, die einander ähnlicher werden, stellen bei der Dissimilation ähnliche Laute den Ausgangspunkt dar, die unterschiedlicher werden.

Dabei sind dissimilatorische Prozesse sporadisch und äußerst selten. Als Dissimilationsbeispiel im Deutschen gilt nhd. *Knoblauch*, das auf ahd. *klobalouh* zurückgeht. Im Mittelhochdeutschen stand älteres *klobelouch* neben jüngerem *knobelouch* (Kluge: s.v. *Knoblauch*). Neben anderen Veränderungen ist in jedem Fall das erste der zwei *l* in *klobelouch* zu *n* geworden, es liegt also eine Fortisierung von Liquida zu Nasal vor. Es wird vermutet, dass diese Veränderung von *l* zu *n* nicht spontan, sondern konditioniert ist, und zwar ausgelöst durch das zweite *l* in *louch*. D.h., das Vorliegen von zwei *l*-Lauten hat dazu geführt, dass einer davon verändert und dadurch dem anderen „ungleich" gemacht wurde, hier durch Fortisierung von *l* zu *n*. Im Gegensatz zu Dissimilationen scheinen Assimilationen bzw. assimilatorische Prozesse aufgrund von sprachlicher Ökonomie (d.h. „Maulfaulheit") relativ häufig zu sein. Bei dem oben erwähnten Wandel von /ɔ/ zu /œ/ (in ahd. *oli* /ˈɔli/ ‚Öl' zu mhd. *öle* /ˈœlə/) liegt es nahe anzunehmen, dass die Palatalisierung von /ɔ/ zu /œ/ durch das im Althochdeutschen nachfolgende *i* assimilatorisch konditioniert bzw. bedingt ist. Zum einen lässt sich in dieser Zeit regelhaft eine Wirkung auf verschiedene Vokale durch nachfolgendes *i* beobachten, was auf konditionierten Lautwandel verweist. Zum anderen kommt es regelmäßig zu einer Palatalisierung (teilweise mit Hebung) der betroffenen Vokale, was auf eine „Ähnlich-Machung" und damit eine Assimilation an *i* hindeutet. Im Falle der Senkung und Velarisierung von /i/ zu /ə/ im selben Wort lassen sich solche Umstände nicht beobachten, es handelt sich also um nicht konditionierten oder spontanen Lautwandel.

Im Detail unterscheidet man zwischen einer **totalen** und einer **partiellen Assimilation**, je nachdem, ob der jeweilige Laut einem anderen nur angenähert oder sogar identisch wird. Im *Öl*-Beispiel liegt eine partielle Assimilation vor, weil am Ende der Entwicklung nicht identische, sondern immer noch verschiedene, wenn auch ähnlichere Laute stehen. Ein Beispiel für eine totale Assimilation ist dagegen das Wort *Assimilation* selbst. Historisch liegt im Lateinischen eine Kombination der beiden Bestandteile *ad* ‚zu' und *simil* ‚gleich' vor. Durch Einfluss des *s* in *simil* verändert sich das *d* in *ad* jedoch so stark, dass es mittels Lenisierung (Plosiv > Frikativ) zu einem *s* wird (der Artikulationsort bleibt unverändert alveolar).

In beiden Fällen liegt außerdem eine **regressive** bzw. rückwärtsgerichtete **Assimilation** vor, da die Angleichung an einen im Wort weiter hinten stehenden Laut erfolgt. Erfolgt die Angleichung an einen im Wort weiter vorne stehenden Laut, spricht man von einer **progressiven Assimilation**. Letzteres ist etwa der Fall, wenn im Mittelhochdeutschen älteres *zimber* zu jüngerem *zimmer* wird (zu dieser Zeit auch noch mit langem oder doppeltem *m* gesprochen). Hier gleicht sich *b* mittels Lenisierung (Plosiv > Nasal) an das weiter vorne stehende *m* an (der Artikulationsort bleibt unverändert bilabial). Dabei handelt es sich gleichzeitig um eine totale Assimilation.

3.6 Zusammenfassung

- Vokale und Konsonanten verändern sich im Laufe der Zeit. Dabei können verschiedene Phänomene beobachtet werden.
- Ausfälle bzw. Tilgungen und Hinzufügungen von Lauten heißen Elisionen und Epenthesen.
- Bewegungen im Vokaldreieck werden in vertikaler Hinsicht als Hebungen und Senkungen, in horizontaler Hinsicht als Palatalisierungen und Velarisierungen bezeichnet.
- Bei Konsonanten kommen Lenisierung (stärkere Öffnung) und Fortisierung (geringere Öffnung) sowie Velarisierung (Verschiebung des Artikulationsortes nach hinten) und Palatalisierung (Verschiebung des Artikulationsortes nach vorne) vor.
- Die jeweiligen Veränderungen können spontan sein oder durch andere Laute in der Umgebung konditioniert bzw. gesteuert sein. In dem Fall kann die Veränderung assimilatorisch oder dissimilatorisch gesteuert sein.

Grundbegriffe: Vokal, Labialisierung, Vokaldreieck/-viereck, Schwa, Monophthong, Diphthong, Konsonant/Obstruent, Artikulationsart, Artikulationsort, Approximant/Halbvokal, Plosiv, Affrikate, Frikativ, Nasal, Vibrant, Liquida; Lenisierung, Fortisierung, Auslautverhärtung, Vokalisierung; Epenthese, Vokaldehnung, Elision, Vokalkürzung, Apokope, Synkope, Prokope/Aphärese; Hebung, Senkung, Palatalisierung, Velarisierung, Zentralisierung; spontaner Lautwandel, konditionierter Lautwandel, Assimilation, Dissimilation.

Aufgabe 1: Weisen Sie den folgenden Bewegungen im Vokaldreieck die Begriffe Hebung, Senkung, Palatalisierung, Velarisierung zu (einzeln oder kombiniert): (i) u > o, (ii) i > e, (iii) a > u, (iv) e > u, (v) i > o.
Aufgabe 2: Bestimmen Sie die folgenden Konsonanten nach Artikulationsart und Artikulationsort sowie zusätzlich nach Stimmhaftigkeit und Stimmlosigkeit: (i) [k], (ii) [b], (iii) [r], (iv) [x], (v) [ʃ].
Aufgabe 3: Welche Veränderungen können Sie von ital. *tartuficolo* zu dt. *Kartoffel* feststellen? (i) Wie nennt man diese Veränderungen? (ii) Welche der Veränderungen könnten assimilatorisch bzw. dissimilatorisch gesteuert sein?
Aufgabe 4: Liegt bei ahd. *gast* zu mhd. *gesti* eher ein spontaner oder ein konditionierter Lautwandel vor? Erläutern Sie die Lautwandelerscheinung.

Weiterführende Literatur: Zur Phonetik: Pompino-Marschall (2009); Zur Phonologie: Hall (2011), Noack (2010); Zur Graphematik: Fuhrhop (2009); Zu Lautwandelerscheinungen in den indoeuropäischen Sprachen: Hock (1991): Kapitel 5-7; Zu Lautwandelerscheinungen in den deutschen Dialekten: Besch et al. (Hgg.) (1982): Kapitel X.

4 Lautwandel: Althochdeutsch

Im Folgenden werden vor allem die Zweite Lautverschiebung und der Primärumlaut dargestellt. Beide sind der Periode vor der althochdeutschen Textüberlieferung zuzuordnen und sind zu deren Beginn weitgehend abgeschlossen, so dass sie das Althochdeutsche entscheidend prägen.

4.1 Zweite Lautverschiebung

Die **Zweite Lautverschiebung** ist im Prinzip nichts anderes als eine zusammenfassende Bezeichnung für bestimmte konsonantische Lenisierungs- und Fortisierungsprozesse, deren Ergebnis auch heute noch die deutsche Dialektlandschaft prägt. Traditionell werden diese Prozesse in der Zeit zwischen 500 und 800 n.Chr. angesiedelt. Fest steht, dass zum einen verschriftete Belege frühestens Ende des 7. Jh.s im Alemannischen auftreten (Schwerdt 2000: 266), zum anderen lassen sich ähnliche Phänomene noch bis ins 16. Jh. hinein beobachten (ebd. 273) (vgl. auch Kapitel 6.4). Teilweise wurden Ergebnisse der Lautverschiebung im Laufe der Zeit weiter modifiziert oder auch wieder rückgängig gemacht. Wenn nicht anders angegeben, beziehe ich mich hier auf die Situation, wie sie in den heutigen Dialekten vorliegt.

Die Dialekte, in denen diese Veränderungen auftraten, werden Hochdeutsch genannt. Deshalb heißt die Zweite Lautverschiebung auch (Alt)Hochdeutsche Lautverschiebung. Dadurch grenzt sich das Hochdeutsche nicht nur vom Niederdeutschen, sondern auch von allen anderen germanischen Sprachen und Dialekten ab. Der Begriff Zweite Lautverschiebung verweist darauf, dass es vorher bereits eine **Erste Lautverschiebung** gegeben hat. Darauf wird in diesem Band nicht eingegangen (s. jedoch etwas genauer im Glossar). Es handelt sich aber ebenfalls um eine zusammenfassende Bezeichnung für einige konsonantische Lenisierungs- und Fortisierungsprozesse, die in den germanischen Sprachen etwa zwischen dem 2. Jh. v.Chr. und dem 6. Jh. n.Chr. aufgetreten sind, und durch die sich die germanischen von den anderen indoeuropäischen Sprachen abgrenzen (deshalb heißt die Erste Lautverschiebung auch **Germanische Lautverschiebung**).

Traditionell wird angenommen, dass die Phänomene der Zweiten Lautverschiebung vom südlichsten Rand des deutschen Sprachgebietes, also dem Süden der heutigen Schweiz bzw. Österreichs, ausgegangen sind und bei der Benrather Linie, etwa zwischen Aachen und Frankfurt an der Oder verlaufend, zum Stillstand gekommen sind. Neuere Untersuchungen lassen jedoch vermuten, dass es sich um Phänomene handelt, die sich unabhängig voneinander mehr oder weniger gleichzeitig in verschiedenen hochdeutschen Gebieten manifestiert haben, ohne dass eine wellenartige Ausbreitung anzunehmen ist. Das Gebiet nördlich der Benrather Linie (das betrifft damit nicht nur Nieder- bzw. Plattdeutsch, sondern auch Englisch, Friesisch, Dänisch usw.) hat keine der jeweiligen Entwicklungen mitgemacht und wird in Deutschland niederdeutsches Sprachgebiet genannt, das deutschsprachige Gebiet südlich der Linie heißt hochdeutsches Sprachgebiet. Die Phänomene sind innerhalb des hochdeutschen Sprachgebiets geographisch noch differenzierter zu betrachten (s.u.), doch sollen erst einmal die großen Entwicklungslinien vorgestellt werden.

Sehr vereinfacht dargestellt sind 8 Veränderungen im Bereich Lenisierung/Fortisierung von 5 germanischen Konsonanten zu beobachten (das Phonem /ç/ steht für die nicht-bedeutungsunterscheidenden Frikative velares [x] und palatales [ç]):

5 Konsonanten			8 Veränderungen
			6 Lenisierungen
/p, t, k/	>	/f, s, ç/	Plosiv > Frikativ
	>	/pf, ts, kç /	Plosiv > Affrikate
			2 Fortisierungen
/θ/	>	/d/	Frikativ > Plosiv
/d/	>	/t/	sh. Plosiv > sl. Plosiv

Tab. 1: Veränderungen der Zweiten Lautverschiebung

In der historischen Sprachwissenschaft werden Frikative oft als **Spiranten** (Singular: Spirans) bezeichnet, Gaumen-Laute (*k, g, x, ç*) als **Gutturale**, stimmhafte Plosive als **Mediae** (Singular: Media), stimmlose Plosive als **Tenues** (Singular: Tenuis). Außerdem steht *þ* (ursprünglich die Rune *Thorn* ‚Dorn') für den dentalen stimmlosen Frikativ /θ/, wie er etwa in engl. *thin* ‚dünn' vorkommt. *χ* steht für das Phonem /ç/. Die Phänomene werden in der folgenden Tabelle an Gegensatzpaaren Englisch (nicht verschoben, weil nicht hochdeutsch) und Standarddeutsch (verschoben, weil auf Hochdeutsch basierend) illustriert und anschließend näher erläutert.

25

	Keine Verschiebung				Lenisierungen = Tenuesverschiebung			Fortisierungen	
Germ.	f	b	h	g	p	t	k	þ	d = Medienverschieb.
Hochdt.	f	b	h	g	f(f) pf	s(s) ts	χ(χ) (k/kχ)	d	t
Bsp. Engl.	find	bite	heart	guest	weapon apple	water tide	make (stick)	thin	day
Bsp. Standardt.	finden	Biss	Herz	Gast	Waffe Apfel	Wasser Zeit	machen (Stecken/ ʃtekχen)	dünn	Tag

Tab. 2: Veränderungen der Zweiten Lautverschiebung Englisch – Deutsch

Zur besseren Verständlichkeit sei die Sonoritätshierarchie aus Kapitel 3.3 hier noch einmal wiederholt.

(1) **Fortispol** – stimmloser Plosiv – stimmhafter Plosiv – stimmlose Affrikate – stimmhafte Affrikate – stimmloser Frikativ – stimmhafter Frikativ – Nasal – Liquida – Approximant – **Lenispol**

Fortisierungen (2): Davon ist zum einen *d* betroffen, das zum stimmlosen Plosiv *t* fortisiert wird. Das *d* wird aber gewissermaßen „restauriert", da nämlich andererseits der stimmlose Frikativ *þ* zum stimmhaften Plosiv *d* fortisiert wird. *þ* verschwindet im Hochdeutschen also ganz.

Lenisierungen (6): Davon sind die stimmlosen Plosive *p, t, k* betroffen, die zum einen zu den stimmlosen Frikativen *f, s, χ*, zum anderen zu den stimmlosen Affrikaten *pf, ts* und *kχ* werden. Was genau wann eintritt, wird weiter unten erläutert. *kχ* ist dabei in Klammern gesetzt, weil es nur in einigen südoberdeutschen Dialekten (d.h. in der Schweiz und in Österreich) existiert. Zehetner (1985: 63) nennt etwa südbairische (Tirol, Kärnten, Steiermark) Beispiele wie *kchrankch* ‚krank' und *Schdeckch(a)n* ‚Stecken'. Im restlichen Hochdeutschen taucht weiterhin unverschobenes *k* statt der Affrikate *kχ* auf.

Damit verschwinden die Plosive *p, t, k* im Hochdeutschen aber nicht ganz, weil *k* ja weitgehend bestehen bleibt und *t* durch Fortisierung von *d* „restauriert" wird. Außerdem wird germ. *t* nicht in den Verbindungen *ft, ht* und *tr* lenisiert. So entspricht z.B. engl. *trough* im Deutschen dem *Trog*, nicht *Zrog*. Zudem werden *p, t, k* in geschützter Stellung nach *s* (*sp, st, sk*) grundsätzlich nicht lenisiert. Daher entspricht etwa engl. *rasp* im Deutschen *Raspel*, nicht *Raspfel*. Lediglich *p* ist in hochdeutschen Wörtern selten, weil es ja nur in der Kombination *sp* erhalten bleibt. Deshalb stellen sich standarddeutsche Wörter mit *p* meist als aus anderen Sprachen entlehnt heraus wie z.B. *Platte* aus dem Lateinischen, *Post* aus dem Italienischen, *Papier* aus dem Französischen oder *packen* aus dem Niederdeutschen (Kluge: s.v. *Platte, Post, Papier, packen*). Entlehnungen vor Abschluss der Zweiten Lautverschiebung wurden aber natürlich mitverändert, vgl. lat. *panna*, das zu dt. *Pfanne* wurde (Kluge: s.v. *Pfanne*).

Im Verschiebungsfall werden *p, t, k* wie erwähnt zum einen zu den Frikativen *f(f)*, *s(s)*, *χ(χ)*, zum anderen zu den ten *pf*, *ts*, *kχ* (wobei man letzteres nur in südoberdeutschen Dialekten findet). Dabei gilt zusammengefasst:

- Für die Plosive *p, t, k* tritt grundsätzlich die Affrikate ein, außer bei einfachem Plosiv nach Vokal, dort erscheint der Frikativ (vgl. engl. *water*/dt. *Wasser*, aber engl. *apple*/dt. *Apfel*).
- Grundsätzlich erscheint der Frikativ doppelt (**Geminate**), d.h., er wird „doppelt" oder lang gesprochen, vereinfacht bzw. gekürzt wird die Geminate noch im Althochdeutschen nach langem Vokal und im Auslaut (vgl. ahd. *scif/sciffes* ‚Schiff/Schiffes'). Die Kürzung kann auch einfach als Elision betrachtet werden.
- Es wird grundsätzlich nicht in den Kombinationen *sp, st, sk, ft, ht, tr* verschoben.

Davon abweichende Formen entstehen erst durch spätere Entwicklungen. So heißt es im Althochdeutschen noch erwartungsgemäß *dorpf* und *helpfan* mit der Affrikate nach Konsonant. Daneben gibt es aber schon die durch weitere Lenisierung entstandenen Formen nur mit Frikativ, die sich dann im Mittelhochdeutschen durchsetzen (mhd. *dorf, hëlfen*).

Wie bereits oben erwähnt, sind die Vorgänge innerhalb des hochdeutschen Sprachgebiets geographisch noch differenzierter zu betrachten. Insbesondere lässt sich beobachten, dass durch die eingetretene oder nicht eingetretene Verschiebung der einzelnen Tenues (stimmlose Plosive) weitere Dialektlinien zusätzlich zu Speyerer Linie (zwischen Ober- und Mitteldeutsch) und Benrather Linie (zwischen Nieder- und Mittel- bzw. Hochdeutsch) möglich sind. Solche Dialektlinien heißen auch **Isoglossen**, sie markieren regionale (meist lautliche) Dialektunterschiede.

In der folgenden Skizze (in Anlehnung an König 2007: 64) zeigen die Linien den Dialektstand um 1900 (wie er im von Georg Wenker begründeten Deutschen Sprachatlas dokumentiert ist; zum Digitalen Wenker-Atlas vgl. www.diwa.info). Zu beachten ist, dass die Linien nur für die angegebenen Wörter gelten, nicht grundsätzlich für alle Wörter mit entsprechenden Plosiven und Frikativen bzw. Affrikaten. Das eingefärbte Linienbündel im westlichen Nieder- und Mitteldeutschen mit dem Scheitelpunkt bei Hilchenbach in der Nähe von Siegen wird aufgrund seiner Form und Lage **Rheinischer Fächer** genannt. Zwischen Uerdinger und Benrather Linie liegt das Südniederfränkisch, zwischen Benrather Linie und Eifelschranke das Ripuarische, zwischen Eifelschranke und Bacharacher Linie das Moselfränkische. Ripuarisch und Moselfränkisch werden auch als Mittelfränkisch zusammengefasst (das mit dem ostfränkischen Dialekt im Regierungsbezirk Mittelfranken in Bayern nur den Namen gemeinsam hat).

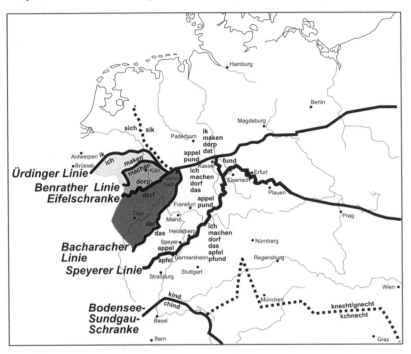

Abb. 1: Wichtige Isoglossen im deutschen Dialektgebiet

Was fällt an der Abbildung auf?

- Die Verschiebung zu Affrikaten hat sich weniger stark durchgesetzt als die zu Frikativen, wobei in beiden Fällen eine Staffellandschaft von Süd (mehr Verschiebungen) nach Nord (weniger Verschiebungen) vorliegt.
- Sehr stark ist das Gebiet im Mittelwesten gestaffelt (Rheinischer Fächer).
- Die verschobenen Wörter sind fett markiert und erwartungsgemäß zeigt das Oberdeutsche (fast) nur verschobene Formen, das Niederdeutsche keine, das Mitteldeutsche verschobene und unverschobene Formen.
- Insbesondere das Nordoberdeutsche zeigt Formen, wie sie im Standarddeutschen vorkommen.

Zum **Oberdeutschen**: Das Oberdeutsche (Bairisch, Alemannisch, Ostfränkisch) ist nach Norden durch die **Speyerer Linie** vom Mitteldeutschen abgegrenzt. Sie verläuft etwa von Straßburg nördlich an Karlsruhe vorbei über Germersheim (deshalb heißt die Speyerer Linie auch Germersheimer Linie) und Speyer nach Eisenach und weiter nach Plauen. Südlich davon, im Oberdeutschen, sind *p*, *t*, *k* überall zu Frikativen verschoben und *p*, *t* zu Affrikaten. *k* ist zur Affrikate *kχ* nur im Südoberdeutschen verschoben, im Nordoberdeutschen bleibt *k*. Im schweizerischen (Hoch)Alemannischen heißt die Trennungslinie zwischen Süd- und Nordoberdeutsch **Bodensee-Sundgau-Schranke**, etwa von Mühlhausen nach Konstanz verlaufend, von da aus (ohne Namen) weiter nach Graz. Davon abweichende alemannische Formen entstehen durch spätere Entwicklungen. So wurde die Affrikate *kχ* südlich der Bodensee-Sundgau-Schranke teilweise zum Frikativ *χ* weiterlenisiert, und zwar v.a. im Anlaut und nach Liquida (Wolf 1983: 1117). Deshalb zeigt sich dort *χind* statt zu erwartendem *kχind*.

Zum **Mitteldeutschen**: Das Mitteldeutsche ist im Süden durch die Speyerer Linie vom Oberdeutschen geschieden und im Norden durch die **Benrather Linie** (auch Erftschranke) vom Niederdeutschen. Im Mitteldeutschen ist nur *k* überall zum Frikativ *χ* verschoben, die anderen Phänomene sind regional differenziert zu betrachten. Speziell im Westen liegen die Verschiebungen von *p* und *t* gestaffelt vor, wobei umso weniger Verschiebungen zu beobachten sind, je weiter man nach Norden kommt. Das Rheinfränkische liegt im Westen zwischen Speyerer Linie und **Bacharacher Linie** (auch Hunsrückschranke), die etwa von Saarbrücken kommend auf dem Hunsrück über Bacharach (am Rhein) nach Hilchenbach bei Siegen verläuft. Zwischen ihr und der Benrather Linie ist das Mittelfränkische angesiedelt, das noch einmal in Moselfränkisch im Süden und Ripuarisch im Norden aufgeteilt wird. Beide Dialektgebiete werden durch die **Eifelschranke** geteilt. Der Rheinische Fächer hat seinen Scheitelpunkt in Hilchenbach bei Siegen und spannt sich von da aus mittels Bacharacher Linie, Eifelschranke, Benrather Linie und Uerdinger Linie auf, schließt also insgesamt das Mittelfränkische und Südniederfränkische ein.

Zum **Niederdeutschen**: Das Niederdeutsche ist nach Süden durch die Benrather Linie vom Mitteldeutschen (und damit Hochdeutschen) abgegrenzt. Nördlich der Benrather Linie liegt das Niederfränkische, wo sich noch Verschiebungen von *k* zum Frikativ *χ* zeigen, jedoch nicht mehr durchgängig, sondern nur in einzelnen Wörtern (wobei es sich auch um Sprachkontakterscheinungen handeln kann). Innerhalb des Niederfränkischen wird das Südniederfränkische vom Nordniederfränkischen durch die **Uerdinger Linie** getrennt, die (im deutschsprachigen Gebiet) etwa von Wuppertal nach Uerdingen, einen Stadteil von Krefeld, verläuft. Die Grenze vom (Nord)Niederfränkischen zum Westfälischen trägt keine spezifische Bezeichnung mehr.

4.2 Primärumlaut

Der **Primärumlaut** ist eine noch in voralthochdeutscher Zeit anzusiedelnde Hebung + Palatalisierung, d.h. Nach-vorne-Verschiebung, eines kurzen und betonten /a/ zu einem /e/ durch einen diesem Vokal nachfolgenden unbetonten *i*-Laut. Man spricht deshalb auch genauer vom *i*-Umlaut.

Als *i*-Laute kamen kurzes *i*, langes *ī* oder überkurzes *ĭ/j* (entspricht dem palatalen Approximanten oder Halbvokal) in Frage. Also beispielsweise („ ́" zeigt hier die Betonung an):

(2)   vorahd. *du fáris* > ahd. *du féris* ‚du fährst'

Der Primär- bzw. *i*-Umlaut ist nicht nur im Hochdeutschen, sondern auch im Niederdeutschen durchgeführt, wobei er im Mitteldeutschen aber stärker ausgeprägt ist als im Oberdeutschen, vgl. bair. *du fangst, du wascht, er sauft* (Zehetner 1985: 97).

Der Primärumlaut ist eine assimilatorisch bedingte Palatalisierung + Hebung, wobei es sich um eine regressive partielle Assimilationen handelt. Regressive Assimilationen deshalb, weil die Palatalisierungswirkung von einem hinten liegenden *i*-Laut auf einen davorliegenden Vokal ausgeht, partiell deshalb, weil der assimilierte Vokal nicht mit dem *i*-Laut identisch wird.

Der Primärumlaut ist in den frühesten althochdeutschen Dokumenten schon vollzogen, so dass das *a* nur dort noch sichtbar ist, wo es sich um verwandte Wörter handelt, bei denen im einen Fall ein umlautendes *i* nachfolgte, im anderen Fall nicht.

Wenn also ahd. *fár-an* ‚fahren' die Formen *du fér-is/er fér-it* ‚du fährst/er fährt' gegenüberstehen, so sind für die voralthochdeutsche Periode die Formen **du fár-is/ er fár-it* anzusetzen. Solche *i*-haltigen Elemente kamen zum einen in der Flexion vor, und zwar vor allem in der 2. und 3. Person Singular Indikativ einiger Verben, aber auch bei der Pluralbildung der Substantive (z.B. ahd. *kráft* – *kréft-i* ‚Kraft – Kräfte') sowie bei der Komparation der Adjektive (z.B. ahd. *láng* – *léng-iro/léng-ist* ‚lang – länger/längst-‘). Auch in der Wortbildung ist der Primärumlaut möglich. Das zeigt sich etwa an ahd. *kréft-īg*, das zu *kráft* gebildet ist, oder an ahd. *gi-séllo* zu *sál* ‚Saal‘. Wörtlich übersetzt bedeutet *gisello* ‚einer, mit dem man im gleichen Haus wohnt‘, woraus nhd. *(der) Geselle* wurde (Kluge: s.v. *Geselle*).

Beim Primärumlaut wird zwar betontes kurzes *a* durch nachfolgenden unbetonten *i*-Laut zu *e*, aber nur unter bestimmten weiteren Bedingungen. Voraussetzung ist, dass a) *a* und *i* in zwei direkt aufeinanderfolgenden Silben stehen müssen (und nicht weiter auseinander) und dass b) keine umlautverhindernden Konsonantenverbindungen zwischen *a* und *i* stehen dürfen. Letzteres betrifft insbesondere *ht*, *hs* und *r*K, *l*K („K“ bezeichnet einen beliebigen Konsonanten). Deshalb steht hier im Althochdeutschen jeweils noch *a*, nicht umgelautetes *e*, die weitere Veränderung tritt erst im Mittelhochdeutschen als sog. Sekundärumlaut ein (siehe Kapitel 5.2).

(3) a. ahd. *máhti* ‚Mächte‘ (*méhti)
      ahd. *wáhsit* ‚wächst‘ (*wéhsit)
   b. ahd. *gárwita* ‚gerbte‘ (*gérwita)
   c. ahd. *áltiro* ‚älter‘ (*éltiro)

Es wird angenommen, dass der Primärumlaut einem geschlossenen /e/ entsprach, das in den Textausgaben oft <ę> geschrieben wird. Aus dem Germanischen wurde dagegen offeneres /ɛ/ ererbt, das, insbesondere im Mittelhochdeutschen, oft <ë> geschrieben wird. Während letzteres heute als <e> erscheint, wird der ursprüngliche Primärumlaut inzwischen ebenfalls /ɛ/ gesprochen und meist <ä> geschrieben, da auch optisch der Bezug zu den dazugehörigen, aber nicht umgelauteten Flexionsformen hergestellt werden soll. Letzteres ist etwa in *älter* als Komparativ zu *alt* der Fall, aber nicht in *Eltern* (eigentlich die „Älteren“).

4.3 Sonstiges

Für das Althochdeutsche können noch elf weitere wichtige Lautveränderungen im Vergleich zum Germanischen genannt werden (vgl. Kühnel 1978: 30-33). Dabei sind auch hier ausschließlich betonte Vokale betroffen. Bis auf (1.5) (germ. *i* > ahd. *e*) werden zudem alle Veränderungen zum Althochdeutschen im Bereich der Verbalflexion, genauer der Ablautreihen, relevant (s. Kapitel 8.3).

1. Assimilatorisch bedingte Hebungen/Senkungen betonter Vokale

	Germ.	Ahd.	Beschreibung	Beispiel
1a	*ai*	*ei*	**Hebung** (+ Palatalis.) *a* > *e* durch nachfolg. *i* als zweitem Diphth.vokal	Vgl. got. *gaits*, aber ahd. *geiz* ‚Ziege‘ (s.a. Kapitel 8.3, Ablautreihen Ia, VIIa)
1b	*ai*	*ē (≈ee)*	Gleichzeitige **Hebung** (+ Palatal.) *a* > *e* durch nachfolg. *i* als zweitem Diphth.vokal und **Senkung** (+ Velaris.) *i* > *e* durch vorausgeh. *a* als zweitem Diphth.vokal (aber nur vor germ. *h, r, w*)	Vgl. got *aihts*, aber ahd. *ēht* ‚Besitz‘ (s.a. Kapitel 8.3, Ablautreihen Ib, VIIa)
2a	*au*	*ou*	**Hebung** (+ Velaris.) *a* > *o* durch nachfolg. *u* als zweitem Diphth.vokal	Vgl. got. *aukan*, aber ahd. *ouhhōn* ‚mehren‘ (s.a. Kapitel 8.3, Ablautreihen IIa, VIIb)
2b	*au*	*ō (≈oo)*	Gleichzeitige **Hebung** (+ Velaris.) *a* > *o* durch nachfolg. *u* als zweitem Diphth.vokal und **Senkung** (+ Palatalis.) *u* > *o* durch vorausgeh. *a* als zweitem Diphth.vokal (aber nur vor germ. *h* und Dentalen (*d, t, s, z, n, r, l*))	Vgl. got. *audags*, aber ahd. *ōtag* ‚reich‘ (s.a. Kapitel 8.3, Ablautreihen IIb, VIIb)
3	*e*	*i*	**Hebung** (+ Palatalis.) *e* > *i* durch *i* oder *u* in der Folgesilbe oder durch Nasalverbindung	Vgl. germ. **geb-*, aber ahd. *gibu* ‚ich gebe‘ (s.a. auch Kapitel 8.3, Ablautreihen III, IV, V)
4a	*eu*	*iu*	**Hebung** (+ Palatalis.) *e* > *i* durch *i* oder *u* in der Folgesilbe	Vgl. germ. **keus-*, aber ahd. *kiusu* ‚ich küre‘ (vgl. aber 4.b: germ. *eu* > ahd. *eo*) (s.a. auch Kapitel 8.3, Ablautreihe II)
4b	*eu*	*eo* (> *io* > *ie*)	**Senkung** (+ Palatalis.) *u* > *o* durch *a, e, o* in der Folgesilbe (danach im Ahd. selbst noch dissimilatorisch bedingte Hebung (+ Palatal.) *e* > *i*) und danach assimilatorisch bedingte Palatal. *o* > *e*)	Vgl. germ. **keus-*, aber ahd. *keosan/kiosan/kiesan* ‚küren‘ (vgl. aber 4.a: germ. *eu* > ahd. *iu*) (s.a. Kapitel 8.3, Ablautreihen II, VIIb)
5	*i*	*e*	**Senkung** (+ Velaris.) *i* > *e* durch *a, e, o* in der Folgesilbe (nicht vor Nasalverbindung)	germ. **wiraz*, aber ahd. *wer* (‚Mann‘, s.a. *Werwolf* ‚Mannwolf‘)
6	*u*	*o*	**Senkung** (+ Palatalis.) *u* > *o* durch *a, e, o* in der Folgesilbe (nicht vor Nasalverbindung)	germ. **gulþa*, aber ahd. *gold* (s.a. Kapitel 8.3, Ablautreihen II, IIIb, IV)

2. Dissimilatorisch bedingte Senkungen betonter Vokale: hier nur Diphthonge, evtl. als Ausweichreaktion auf die Langmonophthonge in obiger Tabelle unter 1.b und 2.b

	Germ.	Ahd.	Beschreibung	Beispiel
1	*ē (ē₂)* (*≈ee*) (zu *ē₂* vgl. Kapitel 8.3)	*ea* (> *ia* > *ie*)	**Senkung** (+ Velaris.) *e* > *a* durch vorausgeh. *e* als zweitem Diphth.vokal (danach im Ahd. selbst erst noch dissimilatorisch bedingte Hebung (+ Palatal.) *e* > *i* und danach assimilatorisch bedingte Hebung (+ Palatal.) *a* > *e*)	Vgl. got. *hēr* (s. mit Monophthong auch heute noch engl. *here*), aber ahd. *hear/hiar/hier* (s.a. Kapitel 8.3, Ablautreihe VIIa)

2	ō (≈oo)	oa (> ua > uo)	**Senkung** (+ Palatalis.) o > a durch vorausgeh. o als zweitem Diphth.vokal (danach im Ahd. selbst erst noch dissimilatorisch bedingte Senkung (+ Velaris.) o > u) und danach assimilatorisch bedingte Hebung (+ Velaris.) a > o)	Vgl. got. brōÞar (s. mit Monophthong auch heute noch engl. brother), aber ahd. bruoder (s. mit Diphthong auch heute noch bairisch bruader) (s.a. Kapitel 8.3, Ablautreihe VIIb)

4.4 Zusammenfassung

- Das Althochdeutsche ist im Vergleich zu anderen germanischen Sprachen vor allem durch Phänomene gekennzeichnet, die sich aus der vollzogenen Zweiten bzw. Hochdeutschen Lautverschiebung und dem durchgeführten Primärumlaut ergeben.

- Die Zweite bzw. Hochdeutsche Lautverschiebung führt vor allem zu den neuen Affrikaten *pf* und *ts*. Sie ist im Süden des hochdeutschen Sprachgebietes (Oberdeutsch) stärker verbreitet, im Norden (Mitteldeutsch) weniger.

- Der Primärumlaut ist eine partielle und regressive assimilatorisch gesteuerte Vokalbewegung. Dabei wird betontes und kurzes *a* vor einem *i*-Laut zu *e/ä* palatalisiert und gleichzeitig gehoben.

Grundbegriffe: Zweite/Hochdeutsche Lautverschiebung; Rheinischer Fächer; Primärumlaut.

Aufgabe 1: Ersetzen Sie in den folgenden historisch verwandten Wortpaaren englisch – neuhochdeutsch die unterstrichenen Konsonanten gemäß den Regeln der Zweiten Lautverschiebung: *thank* – _ank; *fathom* – _a_en; *book* – _u_; *desk* – _isch; *sap* – _a_t; *kettle* – _e_el; *bite* – _i_; *hearth* – _er_.
Aufgabe 2: Das Umlaut-*e* drang über den fränkischen Sprachkontakt auch ins Französische, das damit im Gegensatz zu den anderen romanischen Sprachen steht. Wie lauten die jeweiligen italienischen Wörter im Französischen? *padre* – *p_re*; *amare* – _mer; *capo* – *ch_f*.

Weiterführende Literatur: Zur Lautentwicklung vom Germanischen zum Althochdeutschen: Krahe/Meid (1969); Zur Lautung und Schreibung im Althochdeutschen: Simmler (2000a), vgl. außerdem den Abschnitt „Grammatiken, Handbücher und Einführungen zur deutschen Sprachgeschichte" im Literaturverzeichnis; Zu Lautverschiebungen in den germanischen Sprachen: Goblirsch (2005); Zur Zweiten Lautverschiebung: Schwerdt (2000); Zum Rheinischen Fächer: Venema (1997); Zu deutschen Dialekten: Schirmunski (1962); Zur Dialektologie des Deutschen: Niebaum/Macha (2006).

33

5 Lautwandel: Mittelhochdeutsch

Die wichtigsten Lautveränderungen vom Althochdeutschen zum Mittelhochdeutschen, und damit prägend für das Mittelhochdeutsche, sind die Nebensilbenabschwächung und der Sekundärumlaut sowie die Auslautverhärtung.

5.1 Nebensilbenabschwächung

Als **Nebensilbenabschwächung** wird der Prozess bezeichnet, bei dem seit dem Spätalthochdeutschen (etwa 10. Jh. n.Chr.) in den meisten Nebensilben, d.h. Silben mit unbetonten Vokalen, die Vokale zu einem phonetisch wenig spezifischen *e*-Schwa /ə/ werden. Die Vokale in betonten Silben (sog. „volle" Vokale) bleiben bestehen.

(1) ahd. *bigrab<u>a</u>n* > mhd. *b<u>e</u>grab<u>e</u>n*
(Achtung: Alle Vokale sind kurz zu sprechen!)

Betrachtet man die Verschiebungen im Vokaldreieck, müsste man in dem Beispiel bei *i* > *ə* von einer Kombination von Senkung und Velarisierung sprechen, bei *a* > *ə* von einer Hebung. Die Bewegungen variieren also stark in Abhängigkeit von dem Ausgangsvokal. Da es sich aber immer um den selben Zielvokal *e* handelt, der in der Mitte und damit im Zentrum des Vokaldreiecks steht, 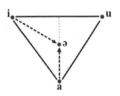 werden die verschiedenen Bewegungen auch einfach vereinheitlichend als **Zentralisierung** bezeichnet.

Nicht abgeschwächt bzw. zentralisiert wurden Elemente mit Nebenakzent, was durchgängig für einige Ableitungselemente gilt, z.B. ahd. *-haft*, *-īn*, *-līn*, *-līh*, *-sam*. So wird etwa ahd. *geistlīh* im Mittelhochdeutschen nicht zu **geistleh* abgeschwächt, sondern behält in mhd. *geistlich* seinen vollen Vokal (der nun allerdings gekürzt ist).

Dadurch werden betonte und unbetonte Silben von der Lautqualität her stark getrennt, da in unbetonten Silben meist nur noch der Schwalaut steht. Allein durch die Zentralisierung der unbetonten Vollvokale erscheint das Mittelhochdeutsche einem Gegenwartsdeutschsprecher viel vertrauter als das Althochdeutsche.

5.2 Sekundärumlaut

Wie beim Primärumlaut handelt es sich auch beim Sekundärumlaut um die Verschiebung eines kurzen und betonten Vokals durch einen diesem Vokal nachfolgenden unbetonten *i*-Laut. Der **Sekundärumlaut** ist also wie der Primärumlaut ein *i*-Umlaut. Allerdings liegen zwei unterschiedliche Prozesse vor, die manchmal auch terminologisch in Sekundärumlaut (im engeren Sinne) und Restumlaut differenziert werden.

Der Sekundärumlaut (i.e.S.) bezieht sich auf die Aufhebung der althochdeutschen Umlautverhinderungen. Es handelt sich also weiterhin um eine durch einen nachfolgenden *i*-Laut ausgelöste assimilatorisch bedingte Palatalisierung + Hebung von betontem und kurzem *a* in Richtung *i*. Teilweise wird dieser Laut <ä> geschrieben, woraus geschlossen wird, dass er sich qualitativ sowohl vom geschlossenen Primärumlaut /e/ (oft <ẹ>) als auch vom offeneren ererbten /ɛ/ (oft <ë>) unterscheidet, indem er dem sehr offenem /æ/ entspricht. (Heute sind alle drei Laute in /ɛ/ zusammengefallen.) Hebung und Palatalisierung sind also nicht ganz so stark ausgeprägt wie beim Primärumlaut.

Konkret heißt das:

a) Umgelautet wurde jetzt auch, wenn der ahd. *i*-Laut in einer späteren als der direkt folgenden Silbe stand (Silbengrenzen sind mit einem Punkt markiert):

(2) ahd. *fá̠.ter.līh* > mhd. *vḛ.ter.lich*

In mhd. *lich* erscheint *i* im Übrigen nicht zum Schwa abgeschwächt, weil es sich ursprünglich um ein schweres Wortbildungselement (d.h. mit Nebenakzent) handelt.

b) Umgelautet wurde jetzt auch, wenn die ehemals verhindernden Konsonantenverbindungen *ht, hs* und *rK, lK* zwischen *a* und *l*-Laut standen:

(3) a. ahd. *máhtīg* > mhd. *méhtic*
     b. ahd. *áltiron* > mhd. *éltern*

In mhd. *ic* erscheint *i* auch hier nicht abgeschwächt, da es sich ursprünglich um ein schweres Wortbildungselement handelt (s.o.). Im Gegensatz dazu wird das *i* in ahd. *altiron* erwartungsgemäß zu *ə* abgeschwächt (und *o* wird synkopiert). Die *Eltern* sind damit wörtlich „die Älteren", d.h., es handelt sich um die flektierte Komparationsform des Adjektivs *alt*. Das *Eltern*-Beispiel zeigt außerdem, dass ehemals umlautauslösendes *i* im Mittelhochdeutschen aufgrund der Nebensilbenabschwächung meist gar nicht mehr sichtbar ist.

Als **Restumlaut** werden nun die Verschiebungen der anderen Vokale vor ahd. *i* bezeichnet. Der Restumlaut ist weniger konsequent durchgeführt als Primär- und Sekundärumlaut, mit abnehmender Umlauttendenz nach Süden (vgl. oberdt. *Ruck(e)/Ruckn*, daher auch als Dialektlehnwort aus dem Alpengebiet *Rucksack*, nicht **Rücksack* (Kluge: s.v. *Rucksack*)).

Da als sich verändernde Vokale jetzt auch andere betonte Vokale als nur kurzes *a* beteiligt sind, bleibt beim Restumlaut als gemeinsame Verschiebungsrichtung nur noch die (durch ehemaligen *i*-Laut ausgelöste) Palatalisierung, d.h. die Nach-vorne-Verschiebung. Wenn man damit Primär-, Sekundär- und Restlautumlaut übergreifend charakterisieren möchte, bleibt als gemeinsame Verschiebungsrichtung prinzipiell nur die Palatalisierung übrig.

(4) a. *ā > æ* (/æ:/) (Hebung+Palatalisierung):
   ahd. *wir nāmin* > mhd. *wir næmen*
   b. *ō > æ* (/ø:/) (nur Palatalisierung):
   ahd. *hōhiro* > mhd. *hœher*
   c. *ū > iu* (/y:/) (nur Palatalisierung):
   ahd. *hūsir* > mhd. *hiuser*
   d. *o > ö* (/œ/) (nur Palatalisierung):
   ahd. *oli* (< lat. *olium*) > mhd. *öle*
   e. *u > ü* (/ʏ/) (nur Palatalisierung):
   ahd. *zukken* (< germ. **tukkjan*) > mhd. *zücken*
   f. *ou > öu* (/œ/) (nur Palatalisierung):
   ahd. *ougen* (< germ. **agjan*) > mhd. *öugen* ‚zeigen'
   g. *uo > üe* (/ʏ/) (nur Palatalisierung):
   ahd. *fuoren* (< germ. **fōrjan*) > mhd. *vüeren*

Bei den letzten drei Beispielen wird außerdem deutlich, dass der die Verschiebung auslösende *i*-Laut schon im Althochdeutschen nicht mehr sichtbar zu sein scheint, sondern nur für das Germanische anzusetzen ist. Man kann nur vermuten, dass das aus germ. *ja* im Althochdeutschen entstandene *e* noch eine *i*-haltige Qualität hatte, was dann den Umlaut auslöste.

5.3 Auslautverhärtung

Die **Auslautverhärtung** stellt einen spezifischen Fortisierungsprozess von stimmhaften Obstruenten im Auslaut von Silben dar, indem diese stimmlos bzw. „hart" werden. Betroffen sind damit ausschließlich Plosive und Frikative, d.h. *b, d, g, v*, die zu *p, t, k* (<c> geschrieben), *f* werden.

(5) **Fortispol** – stimmloser Plosiv – stimmhafter Plosiv – stimmloser Frikativ – stimmloser Frikativ – **Lenispol**

Unter Umständen kann man hier auch von einer regressiv assimilatorisch gesteuerten Veränderung ausgehen, da eine (Minimal)Pause am Silbenende als Nicht-Schwingung der Stimmbänder betrachtet werden kann, die sich auf den davorliegenden stimmhaften Konsonanten überträgt und ihn stimmlos macht (Hock 1991: 80). In der Schrift sichtbar wird die Auslautverhärtung erst im klassischen Mittelhochdeutschen, d.h. etwa ab 1170. Die veränderte Schreibung zeigt sich vor allem in durch Flexion oder Wortbildung verwandten Formen mit unterschiedlicher Silbenstruktur. Sobald der stimmhafte Obstruent in den Silbenauslaut gerät, wird er als stimmloser Konsonant geschrieben (der Punkt signalisiert die Silbengrenze):

(6) a. ahd. *kind* > mhd. *kint*, aber *kin.desch*
    b. ahd. *giloubita* > mhd. *ge.loup.te*, aber *ge.lou.ben*

Beispiele wie das letzte können entweder als Fortisierung im Silbenauslaut interpretiert werden oder auch als durch stimmloses *t* regressiv assimilatorisch gesteuert. In einem Fall wie ahd. *hou.bit* > mhd. *houpt* ist jedoch nur letzteres möglich, Auslautverhärtung ist hier ausgeschlossen.

5.4 Sonstiges

Für das Mittelhochdeutsche können im Vergleich zum Althochdeutschen noch einige weitere Lautveränderungen genannt werden. Sie betreffen sowohl Vokale als auch Konsonanten:
1. *Vokale*: a) Der althochdeutsche Diphthong *iu* wird monophthongiert zu lang /y:/ (in der Schrift erscheint trotz Monophthong weiterhin <iu>): ahd. *hiutu* ,heute' > mhd. *hiute* /hy:tə/ (mit Nebensilbenabschwächung). Ein langes /y:/ kann im Prinzip aus zwei miteinander verschmolzenen „normalen" /y/ aufgebaut werden, also /y:/ = /y1+y2/, d.h., /iu/ > /y1y2/. /i/ > /y1/ kann durch den Prozess der Velarisierung und Labialisierung entstehen, assimilatorisch gesteuert (regressiv und partiell) durch nachfolgendes hinteres labialisiertes /u/. /u/ > /y2/ entsteht rein durch Palatalisierung, assimila-

torisch gesteuert (progressiv und partiell) durch vorausgehendes /i/.
b) Die althochdeutschen Diphthonge *ia* und *io* fallen endgültig in
mhd. *ie* zusammen (vgl. zum Althochdeutschen Kapitel 4.3, Fall
1.4b und 2.1). Hier könnte man ähnlich wie bei der Nebensilbenabschwächung verstärkend eine generalisierte Zentralisierung des
zweiten, weil unbetonten Diphthongbestandteils ansetzen: ahd. *hiar*
> mhd. *hier*; ahd. *ziohan* > mhd. *ziehen*.
c) Es finden häufige Apokopen und Synkopen statt, z.B. ahd. *rīhhi*
> mhd. *rîch(e)*; ahd. *houbit* > mhd. *houpt*.
2. *Konsonanten*: Die Konsonantenfolge *sk* (<sc> geschrieben) wird
zum Frikativ /ʃ/. So erscheint ahd. *scōni* ‚schön' dadurch im Mittelhochdeutschen als *schœn* (mit Restumlaut *ō* > *œ*). Die noch heute
für den postalveolaren Frikativ gültige Schreibung <sch> kann als
<s> + <ch> gedeutet werden und somit dahingehend, dass zuerst
der zweite plosivische Bestandteil *k* zu *χ* lenisiert wurde. Diese Lenisierung kann assimilatorisch (progressiv, partiell) durch den vorausgehenden Frikativ *s* gesteuert sein. Der alveolare Frikativ *s* kann
dann in der Folge assimilatorisch (regressiv, partiell) hin zu postal-
veolarem Frikativ /ʃ/ velarisiert worden sein, und zwar durch Einfluss des nachfolgenden Gaumen-*χ* (das danach weggefallen ist).
Manchmal wird der Prozess /sk/ > /ʃ/ auch Palatalisierung genannt;
zu beachten ist dabei, dass dies nichts mit der Definition im Sinne
von Nach-vorne-Verschiebung zu tun hat.

5.5   Zusammenfassung

▪ Das Mittelhochdeutsche ist vor allem durch Nebensilbenabschwächung, Sekundärumlaut (= Sekundärumlaut i.e.S. +
  Restumlaut) sowie Auslautverhärtung gekennzeichnet.
▪ Durch die Nebensilbenabschwächung werden nahezu alle unbetonten Vokale zum Schwa zentralisiert.
▪ Durch den Sekundärumlaut i.e.S. wird *a* vor ahd. *i*-Laut auch
  dort zu *ä* palatalisiert + gehoben, wo im Althochdeutschen
  noch Verhinderungsgründe vorlagen.
▪ Durch den Restumlaut werden auch alle anderen Vokale vor
  ursprünglichem *i*-Laut palatalisiert (+ teilweise gehoben), jedoch mit abnehmender Wirkung nach Süden.
▪ Durch die Auslautverhärtung werden die Plosive *b, d, g* und
  der Frikativ *v* im Silbenauslaut stimmlos, d.h. fortisiert.

Grundbegriffe: Nebensilbenabschwächung, Zentralisierung; Sekundärumlaut, Restumlaut; Auslautverhärtung.

Aufgabe 1: Worauf geht die Tatsache zurück, dass der Familienname *Bruckner* relativ gesehen in Österreich stärker verbreitet ist als in Süddeutschland und *Brückner* umgekehrt in Süddeutschland stärker als in Österreich? (Vgl. den Deutschen Familiennamenatlas; zur Verbreitung von Familiennamen auf der Basis von Telefonbüchern vgl. auch http://christoph.stoepel.net/geogen/.)

Aufgabe 2: Wie verändern sich die folgenden Wörter vom Alt- zum Mittelhochdeutschen durch Nebensilbenabschwächung, Sekundärumlaut und/oder Auslautverhärtung? Ahd. *sunna, himil, geban, zunga, stoub, salbôn, almahtigon.*

Weiterführende Literatur: Zur Lautung und Schreibung im Mittelhochdeutschen: Simmler (2000b), vgl. außerdem den Abschnitt „Grammatiken, Handbücher und Einführungen zur deutschen Sprachgeschichte" im Literaturverzeichnis.

6 Lautwandel: Frühneuhochdeutsch

Die wichtigsten Lautveränderungen zum Frühneuhochdeutschen sind Vokaldehnung und -kürzung sowie Diphthongierung und Monophthongierung.

6.1 Vokaldehnung und Vokalkürzung

Bei der **Vokaldehnung** wird ein betonter kurzer Vokal gedehnt, also lang gesprochen, wobei die Länge meist jedoch nicht graphisch markiert ist: mhd. *váren* mit kurzem *a* wird zu fnhd. *fáren* mit langem *a*.

Prinzipiell kann man Dehnungen auch als spezifisches Phänomen der Epenthese betrachten, also als Hinzufügung eines weiteren identischen Vokals. Bei der frühneuhochdeutschen Vokaldehnung handelt es sich um eine Entwicklung, die von Norden nach Süden verlief (sie ist etwa auch im Englischen vorhanden) und teilweise schon im Mittelhochdeutschen dokumentiert ist. In einigen Gebieten, vor allem im südlichen, d.h. Hochalemannisch (d.h. heutige Schweiz) wurden alte Kürzen jedoch bewahrt. Da das Standarddeutsche aber weitgehend auf dem Ostmitteldeutschen basiert, herrschen in der „Hochsprache" gedehnte Formen vor.

Die Vokaldehnung findet vor allem in offenen Tonsilben statt, wobei die Länge eben meist nicht gekennzeichnet wurde. Tonsilben sind betonte Silben, offene Silben sind Silben, die auf einen Vokal enden. Mhd. *vá.ter* enthält etwa die offene Tonsilbe *vá* (mit kurzem *a*) und wird daher zu fnhd. *vá.ter* mit langem *a*.

Keine offene Silbe liegt im Übrigen vor, wenn auf den betonten Kurzvokal ein doppelt geschriebener Konsonant (Geminate) folgt, z.B. mhd. *súnne* ‚Sonne‘. Noch im Mittelhochdeutschen stand eine solche Schreibung nämlich auch für einen doppelten bzw. langen Konsonanten. Die Silbengrenze fällt dann zwischen die beiden Konsonanten, die erste Silbe ist daher nicht offen, sondern geschlossen: *sún.ne*. Solche doppelten bzw. langen Konsonanten gibt es etwa auch im Finnischen (*kis.sa* ‚Katze‘) oder Italienischen (*cas.sa* ‚Kasse‘). Im Deutschen werden diese Konsonanten jedoch in frühneuhochdeutscher Zeit beseitigt, man spricht hier von **Degeminierung**, d.h., die doppelten Konsonanten wurden gekürzt, einer der beiden Konsonanten wurde, wenn man so will, durch Elision entfernt. Der übriggebliebene Konsonant fungiert nun als „Silbengelenk“ und gehört damit sowohl zur einen als auch zur anderen Silbe. Man spricht hier auch von ambisilbischen Konsonanten (lat. *ambi* ‚zu beiden Seiten‘). Damit liegt weiterhin eine geschlossene Silbe vor, da die Silbengrenze im Konsonanten selbst liegt: *súne*. In der Schreibung bleibt die Doppelung traditionell allerdings oft erhalten (vgl. fnhd. *sonne*), sie zeigt nun aber nicht mehr die Länge des Konsonanten selbst an, sondern dass der Vokal vor dem Konsonanten kurz gesprochen wird. Dies ist auch folgerichtig, da diese Vokale ja nicht gelängt werden konnten, da keine offene Silbe vorlag.

Neben den Vokalen in offenen Tonsilben konnten auch Vokale in (per se betonten) Einsilbern gedehnt werden, die auf einfachen Konsonanten (v.a. Nasal oder Liquida) auslauteten: mhd. *dem* > fnhd. *dem* mit langem *e*, mhd. *vil* > fnhd. *viel* mit langem *i* (als <ie> verschriftet), mhd. *mir* > fnhd. *mir* mit langem *i*.

Damit wird im Frühneuhochdeutschen ein einzelner Vokal in einer offenen betonten Silbe und teilweise in geschlossenen Einsilbern lang gesprochen. Dadurch konnten nun aber Flexionsformen ein und desselben Wortes unterschiedliche Vokallängen haben, je nachdem, wie die Silbe mit dem betonten Vokal gestaltet war. So ist für mhd. *glas* regulär keine Dehnung vorgesehen, für den Genitiv Singular *glá.ses* oder den Plural Nominativ *glé.ser* aufgrund der offenen Tonsilbe aber durchaus. Bei Vorliegen von Flexionsformen mit gelängten Vokalen kam es auch bei eigentlich kurz zu sprechenden Silben zum lautlichen Längenausgleich, deshalb heißt es heute *Glas* mit langem *a* wegen regelhaft langem *Glases*, *Gläser* usw. Diese Angleichung, Analogie genannt (vgl. Kapitel 7.3), wurde in den meisten hochdeutschen Dialekten durchgeführt, nicht jedoch im Niederdeutschen, das *Glas*, *Tag* (aufgrund von Lenisierung des auslautenden Plosivs zum Frikativ als *Tach* gesprochen) mit kurzem Vokal beibehalten hat.

Wegen der Dehnung in betonten offenen Silben kam es als gegenläufige Tendenz in betonten geschlossenen Silben manchmal zu **Vokalkürzungen**, vgl. mhd. *brâh.te* > fnhd. *brachte*. Prinzipiell kann man hier auch eine Elision ansetzen, also den Wegfall eines der beiden identischen Vokale. In manchen Dialekten, vor allem mitteldeutschen, wurden manchmal sogar Längen in betonter offener Silbe gekürzt, z.B. mhd. *wâ.fen* > fnhd. *waffe* (mit graphischer Kürzenmarkierung des Vokals durch <ff>). Da das Standarddeutsche zu großen Teilen auf dem Ostmitteldeutschen basiert, finden sich diese Formen hier wieder.

Damit sind mit dem Frühneuhochdeutschen Längen und Kürzen erstmals an die Silbenstruktur gebunden. Als Grundtendenz gilt: a) Offene Tonsilben haben lange Vokale (z.B. *sá.gen*), b) auf zwei oder mehr (gesprochene) Konsonanten auslautende Tonsilben haben kurze Vokale (z.B. *Most*), c) auf nur einen (gesprochenen) Konsonanten auslautende Tonsilben haben meist kurze (z.B. *was*, *dass*, *Wasser*), manchmal auch lange Vokale (v.a. bei Einsilbern auf Nasal oder Liquida, z.B. *wem*, *mir*).

6.2 Diphthongierung

Prinzipiell wird so der Prozess bezeichnet, bei dem die langen mittelhochdeutschen Monophthonge (einzelne Vokale) /i:, u:, y:/ zu den frühneuhochdeutschen Diphthongen (Vokalverbindungen) /ai, au, ɔy/ werden. Ein möglicher Merksatz hierfür lautet:

(1) mhd. *mîn hûs hât miuse* > fnhd. *mein haus hat mäuse*

Die Diphthongierung breitet sich ab dem 12. Jh. vom Südosten des deutschen Sprachgebiets aus und erfasst im 16. Jh. das Mitteldeutsche. Dadurch wird aber zum einen der Südwesten, d.h. das Alemannische, ausgespart, zum anderen das Niederdeutsche. Die folgende Karte (nach König 2007: 146) zeigt die historische Verteilung von *Haus*, die auch in etwa noch dem Stand der deutschen Dialekten um 1900 entspricht, wie er im Deutschen Sprachatlas dokumentiert ist.

41

Abb.1: Ausbreitung der Diphthongierung um 1900

Da das Standarddeutsche zu großen Teilen auf dem Ostmitteldeutschen basiert und diese Dialekte die Diphthongierung mitgemacht haben, ist es folgerichtig, dass die „Hochsprache" die diph-
thongierten Varianten der Lexeme besitzt.

Wie kann eine Diphthongierung nun allgemeiner beschrieben
werden? Ein langer Vokal /V:/ kann im Prinzip als aus zwei miteinander verschmolzenen „normalen" Vokalen aufgebaut gedacht werden, also /V:/ = /V1+V2/. Im Falle der Diphthongierung handelt es
sich um Vokalbewegungen, die dazu führen, dass die zwei identischen normal langen Monophthonge zu zwei verschiedenen Vokalen und damit zu einem Diphthong werden. Dabei können sich beide verändern oder auch nur einer. Im letzten Fall behält einer der
Vokale seine ursprüngliche Lautqualität. Ob es sich bei den Vokalbewegungen um Hebungen usw. handelt, hängt von dem ursprünglichen Monophthong ab. Außerdem sind die Bewegungen meist
dissimilatorisch gesteuert, da sich einer (oder jeder) der zwei identi-

schen Monophthongvokale durch den Einfluss des anderen phonetisch differenziert.

Bei der frühneuhochdeutschen Diphthongierung handelt es sich konkret um eine dissimilatorisch gesteuerte Senkung des ersten Vokals (in Kombination mit Palatalisierung bzw. Velarisierung); der zweite Vokal bleibt bestehen. Da der zweite auf den ersten Vokal wirkt, liegt eine regressive Dissimilation vor.

(2) a. /ii/ > /ai/   (mhd. /i:/ = /ii/ > fnhd. /ai/)
     b. /uu/ > /au/   (mhd. /u:/ = /uu/ > fnhd. /au/)
     c. /yy/ > /ɔy/   (mhd. /y:/ = /yy/ > fnhd. /ɔy/)

6.3 Monophthongierung

Prinzipiell wird so der Prozess bezeichnet, bei dem die mittelhochdeutschen Diphthonge (zwei Vokale) /iə, uɔ, yə/ zum Frühneuhochdeutschen zu den langen Monophthongen (einzelne Vokale) /i:, u:, y:/ werden. So gesehen werden die durch die Diphthongierung beseitigten Monophthonge durch die Monophthongierung „restauriert". Ein möglicher Merksatz hierfür lautet:

(3)   mhd. *liebe guote brüeder* > fnhd. *liebe gute brüder*

Interessant ist, dass im Falle von /i:/, und nur hier, die mittelhochdeutsche Schreibung auch heute noch beibehalten wird, es sich also um eine historisch bedingte Digraphie (Schreibung von zwei Buchstaben) <ie> für einen einzigen Laut /i:/ handelt. Deshalb wird <ie> für fnhd. /i:/ oft sogar im Falle der Dehnung in offener Tonsilbe geschrieben (vgl. Kapitel 6.1), also auch dann, wenn im Mittelhochdeutschen gar kein Diphthong, sondern ein kurzer Monophthong vorlag. Einen solchen Fall finden wir etwa bei mhd. *si.ben* > fnhd. *sieben* (sowohl als Verb wie auch als Zahl). Gleichzeitig lässt sich beobachten, dass die durch die Monophthongierung entstandenen Langvokale anschließend rückgekürzt werden konnten, vor allem wenn sie in betonten geschlossenen Silben auf Zweifachkonsonanz standen (vgl. zur Kürzung Kapitel 6.1):

(4)   mhd. *lieht* mit /iə/ > fnhd. *lieht* mit /i:/ > *licht* mit /i/.

Verbreitet ist die Monophthongierung vor allem im Ostmitteldeutschen und auch dabei zeigt sich noch einmal deutlich der Einfluss dieser Dialektregion auf die Herausbildung des Standards. Im Oberdeutschen findet sich weiterhin eine überwiegend diphthongische Struktur (vgl. die Verteilung von *Bruder* um 1900 in König 2007: 146).

Wie kann eine Monophthongierung nun allgemeiner beschrieben werden? Spiegelbildlich zur Diphthongierung handelt es sich um Vokalbewegungen, die dazu führen, dass die zwei unterschiedlichen Monophthonge, die den Diphthong konstituieren, zu zwei identischen werden, was wiederum als langer Monopthong gedacht werden kann. Dabei können sich beide verändern oder auch nur einer. Im letzten Fall behält einer der Vokale seine ursprüngliche Lautqualität. Ob es sich bei den Vokalbewegungen um Hebungen usw. handelt, hängt von den ursprünglichen und den resultierenden Monophthongen ab. Außerdem sind die Bewegungen meist assimilatorisch gesteuert, da sich einer (oder jeder) der zwei unterschiedlichen Monophthongvokale durch den Einfluss des anderen phonetisch angleicht.

Bei der frühneuhochdeutschen Monophthongierung handelt es sich konkret um eine assimilatorisch gesteuerte Hebung des zweiten Vokals (in Kombination mit Palatalisierung bzw. Velarisierung); der erste Vokal bleibt bestehen. Da der erste auf den zweiten Vokal wirkt, liegt eine progressive Assimilation vor.

(5) a. /iə/ > /i:/   (mhd. /iə/ > fnhd. /ii/ = /i:/)
     b. /uɔ/ > /u:/   (mhd. /uɔ/ > fnhd. /uu/ = /u:/)
     c. /yə/ > /y:/   (mhd. /yə/ > fnhd. /yy/ = /y:/)

6.4 Sonstiges

Für das Frühneuhochdeutsche können im Vergleich zum Mittelhochdeutschen noch einige weitere Lautveränderungen genannt werden. Sie betreffen sowohl Vokale als auch Konsonanten.

1. *Vokale*: a) /u, y/ werden, vor allem vor Nasal, zu /o, ø/ gesenkt: mhd. *sunne* > fnhd. *sonne*, mhd. *mügen* > fnhd. *mögen* (hier mit zusätzlicher Dehnung in offener Tonsilbe).

   b) In den Diphthongen /ɛi/ und /ɔu/ wird der erste Vokal zu /a/ gesenkt (evtl. regressiv dissimilatorisch gesteuert), vgl. mhd. *boum* > fnhd. *baum*, mhd. *klein* > fnhd. *klein* (gesprochen als /ai/ mit Beibehaltung der historischen <ei>-Schreibung).

   c) Manche Vokale werden gerundet bzw. labialisiert oder entrundet bzw. entlabialisiert (mit minimalen Palatalisierungen oder Velarisierungen im Vokaldreieck), z.B. mhd. *leffel* > fnhd. *löffel* (Rundung), mhd. *küssen* > fnhd. *kissen* (nhd. *Kissen*) (Entrundung).

d) Es finden häufig Synkopen und Apokopen statt, z.B. Synkope in mhd. *houbet* > fnhd. *haupt* (mit zusätzlicher Senkung von /ɔ/ zu /a/ in /ɔu/), Apokope des *-e* bei der Bildung der Adjektivadverbien, z.B. mhd. *übele* > fnhd. *übel* ‚schlecht' (mit zusätzlicher Dehnung in offener Tonsilbe).

2. *Konsonanten*: a) Die Aussprache von mhd. <s> differenziert sich aus. Artikulatorisch war der Frikativ noch im Mittelhochdeutschen lautlich zwischen /s/ und /ʃ/ als alveolo-palataler „Zischlaut" angesiedelt, und zwar als stimmhaftes /ʑ/ vor Vokal, ansonsten als stimmloses /ɕ/. In bestimmten Positionen wird mhd. stimmloses /ɕ/ im Frühneuhochdeutschen zum rein postalveolaren Frikativ /ʃ/ (der palatale Anteil fällt also weg), und zwar im Anlaut vor *p, t, l, m, n, w* (vgl. mhd. *springen, stellen, slange, smal, snel, swert*) sowie teilweise im In- und Auslaut nach *r* (vgl. mhd. *kirse, ars*). Im Oberdeutschen, speziell im Alemannischen, erscheint /ʃ/ außerdem auch inlautend vor *t* und teilweise vor *p* (alem. *du bisch* ‚du bist' (mit anschließender Apokope von *t*), ostfränkisch *Kaschpa* ‚Kasper'). Damit fällt dieses /ʃ/ (aus /ɕ/) mit mhd. /ʃ/ zusammen, das aus ahd. *sk* entstanden war und aufgrund dieser Herkunft <sch> geschrieben wird (vgl. Kapitel 5.4). Grundsätzlich werden nun fast alle /ʃ/, egal welcher Herkunft, <sch> geschrieben, außer vor *p* und *t*. Hier steht weiterhin <s>, vgl. fnhd. *springen/stellen*, aber *schlange, schmal* usw. In allen anderen Positionen wird stimmloses /ɕ/ zum rein alveolaren Frikativ /s/ (auch hier fällt also der palatale Anteil weg), weiterhin verschriftet als <s>. Als solches fällt es nun mit /s/ zusammen, wie es in der Zweiten Lautverschiebung durch Lenisierung aus germ. *t* hervorgegangen war. Verschriftet wurde dieses Lautverschiebungs-/s/ (das auch nach Vokal nicht stimmhaft werden konnte, vgl. engl. *street* und dt. *Straße*) im Mittelhochdeutschen als <z>, ab dem Frühneuhochdeutschen als <ß> (später auch <ss>). <z> blieb damit im Frühneuhochdeutschen für die Affrikate /ts/ übrig, die im Mittelhochdeutschen ebenfalls als <z> verschriftet und wie /s/ in der Zweiten Lautverschiebung durch Lenisierung aus germ. *t* hervorgegangen war. Die einheitliche Schreibung von /s/ und /ts/ als <z> lässt vermuten, dass der Unterschied zwischen /s/ und /ts/ dem mittelalterlichen Hörer bzw. Schreiber kleiner erschien als der zwischen /s/ und /ɕ/. In den Textausgaben wird deshalb der Frikativ in der Regel als <ȝ> verschriftet, um ihn von der Affrikate zu unterscheiden.

Auch stimmhaftes /ʑ/ (vor Vokal) wird zum rein alveolaren Frikativ /z/ palatalisiert. Da es ebenfalls weiterhin als <s> verschriftet wird, verweist lediglich die Position vor Vokal auf die Stimmhaftigkeit.

b) Manche *t* werden zu *d* lenisiert (mhd. *tuft* > fnhd. *duft*), manche *d* zu *t* fortisiert (mhd. *under* > fnhd. *unter*). In letzterem Fall zeigen sich evtl. Vorgänge einer späten Zweiten Lautverschiebung (vgl. Kapitel 4.1). Zudem erscheint z.b. ahd. *dwingan/twingan* erst im späten Mittelhochdeutschen bzw. Frühneuhochdeutschen im Westen als *zwingen*, im Osten auch mit ungeklärtem velarem Plosiv als *quingen* (vgl. dazu auch *Quark*, *Qualm*, *quengeln*, *quasseln*, *quatschen*, *quer* (aber: *Zwerchfell*)).

6.5 Zusammenfassung

▪ Das Frühneuhochdeutsche ist vor allem durch Vokaldehnungen und Vokalkürzungen sowie durch Diphthongierung und Monophthongierung gekennzeichnet.

▪ Die Vokaldehnung erfasst vor allem offene betonte Silben; teilweise werden auch geschlossene (per se betonte) Einsilber gedehnt.

▪ Die Vokalkürzung ist viel seltener und erfasst vor allem betonte Silben, die geschlossen sind; teilweise werden auch offene Silben gekürzt.

▪ Die Diphthongierung betrifft die Langmonophthonge /iː/, /uː/ und /yː/ (mhd. *mîn hûs hât miuse*), die zu /ai/, /au/ und /ɔy/ diphthongiert werden (fnhd. *mein haus hat mäuse*). Sie erfasst das gesamte Hochdeutsche mit Ausnahme des Südwestens.

▪ Die Monophthongierung betrifft die Diphthonge /iə, uɔ, yə/ (mhd. *liebe guote brüeder*), die zu den Langmonophthongen /iː, uː, yː/ monophthongiert werden (fnhd. *liebe gute brüder*). Sie erfasst vor allem das mitteldeutsche Sprachgebiet.

Grundbegriffe: Vokaldehnung, offene Silbe, geschlossene Silbe, Degeminierung, ambisilbische Konsonanten, Silbengelenk, Vokalkürzung, Analogie, Formenausgleich, Diphthongierung, Monophthongierung, Rundung/Labialisierung, Entrundung/Entlabialisierung.

Aufgabe 1: Das Schweizerdeutsche (Hochalemannisch) wurde von der vom Südosten ausgehenden Diphthongierung nicht erfasst. Was wären also die standarddeutschen Entsprechungen zu folgenden schweizerdeutschen Wörtern? *Müsli, Sīde, Gīger, lūt, līs.*

Aufgabe 2: Vor einiger Zeit gab es am Straßenrand Plakate mit der Aufschrift: „Straße nass, Fuß vom Gas." Was lässt sich aufgrund des Reims zu der Aussprache von „Gas", auch in regionaler Hinsicht, sagen?

Aufgabe 3: Warum gleichen sich alemannische und niederdeutsche Wörter häufig, vgl. *Hūs* mit langem *ū*, *Vader* mit kurzem *a*?

Aufgabe 4: Was folgt aus der Schreibung <s> in <Stadt> für die Herkunft des [ʃ]?

Weiterführende Literatur: Zur Lautung und Schreibung im Frühneuhochdeutschen: Wolf (2000), vgl. außerdem den Abschnitt „Grammatiken, Handbücher und Einführungen zur deutschen Sprachgeschichte" im Literaturverzeichnis.

7 Formenwandel: Grundlagen

In diesem Kapitel werden Grundlagen des Formenbaus und des Formenwandels dargelegt, auf denen die Ausführungen in Kapitel 8 und 9 dann aufbauen.

7.1 Morphologische Grundbegriffe

Sprache verändert sich nicht nur im Laut-, sondern auch im Formenbereich, der sog. **Morphologie**. Der morphologische Aufbau ist vor allem dann interessant, wenn ein Wort zum jeweiligen Zeitpunkt der Betrachtung erkennbar nicht nur aus einem, sondern aus mehreren bedeutungstragenden Elementen, sog. **Morphemen**, besteht, die entweder lexikalische oder grammatische Bedeutung haben. So können in dem Satz *Petra singt lauter* die beiden Wörter *singt* und *lauter* jeweils noch einmal in ein lexikalisches und ein grammatisches Morphem zerlegt werden, nämlich *sing-t* und *laut-er*. Dabei sind in dem Morphem *t* die grammatischen Bedeutungen 3. Person und Singular realisiert, in *er* ist es hier die grammatische Bedeutung Komparativ.

Die grammatischen Morpheme heißen auch Flexionsmorpheme oder **Flexive** und das, was von einem Wort übrig bleibt, wenn man die Flexive abstreicht, wird als **Stamm** bezeichnet, in unseren Beispielwörtern lauten die Stämme also *sing* und *laut*.

(1)   Stamm = Wort minus Flexiv(e)

Alle Flexive sind **Affixe**, d.h. Morpheme, die an einen Stamm gebunden sind und nicht alleine stehen können. Fast immer sind sie, wie bei *sing-t* und *laut-er*, hinten an den Stamm gefügt, weshalb sie **Suffixe** genannt werden. Die einzige Ausnahme stellen die Elemente zur Partizip-Perfekt- bzw. Partizip-II-Bildung dar, z.B. *ge-lach-t* (zum Infinitiv *lachen*) oder *ge-sung-en* (zum Infinitiv *singen*). In diesem Fall muss gleichzeitig ein präfixaler Teil *ge* (vor dem Stamm) und ein suffixaler Teil *t* bzw. *en* (hinter dem Stamm) vorkommen. Da die beiden Teile den Stamm umschließen, spricht man von einem **Zirkumfix**. Es gibt aber auch eine rein suffixale Partizip-Perfekt- bzw. Partizip-II-Bildung, z.B. *verkauf-t* (zum Infinitiv *verkaufen*) oder *verbund-en* (zum Infinitiv *verbinden*).

Der Stamm kann, wie bei *sing-t* oder *laut-er*, aus nur einem Morphem bestehen und damit einfach sein. Wenn man die Flexive *t* und *er* abstreicht, bleiben die Morpheme *sing* und *laut* übrig, die nicht in weitere Morpheme zerlegt werden können. Ein solches einfaches Morphem wird dann auch **Stammmorphem** genannt. Streicht man aber in Wörtern wie *(ich) verbind-e* oder *(die) Buchseite-n* die Flexive *e* bzw. *n* ab, bleiben jeweils zwei Morpheme übrig, der Stamm ist nicht einfach, sondern komplex. Ein komplexer Stamm entsteht durch **Wortbildung**. In *Buchseite* sind zwei lexikalische Stammmorpheme *Buch* und *Seite* miteinander kombiniert (man spricht von Komposition oder Zusammensetzung), in *verbind* ein lexikalisches **Präfix** (d.h. ein vor einem Stammmorphem stehendes Affix) *ver* und ein lexikalisches Stammmorphem *bind* (man spricht von Derivation oder Ableitung).

Wie viele Bedeutungen in einem grammatischen Morphem realisiert sind, ist sehr unterschiedlich. Im Standarddeutschen hat der Komparativ am Adjektiv immer ein eigenes Morphem *er* (wie in *laut-er*), während Person und Numerus am Verb zusammen realisiert sind (so zeigt *t* in *singt* gleichzeitig 3. Person und Singular an). Letzteres, die Realisierung von mehreren grammatischen Bedeutungen in einem Morphem, ist typisch für indoeuropäische Sprachen. Auch im *n* von *Buchseiten* ist nicht nur die Numerusbedeutung Plural, sondern gleichzeitig auch Kasus realisiert (hier, abhängig vom jeweiligen Satz, Nominativ, Genitiv, Dativ oder Akkusativ). Andere Merkmale, wie Präsens beim Verb (*(sie) sing-t*) oder Singular und Nominativ beim Substantiv (*(die) Seite*), sind immer nur implizit vorhanden und nicht durch ein Morphem repräsentiert.

Manchmal wird eine grammatische Bedeutung nicht durch ein eigenes Morphem, sondern nur durch einen Vokalwechsel im

Stammmorphem ausgedrückt, entweder alleine (z.B. die Präteritumbildung *(ich) sang* zum Infinitiv *singen)* oder in Kombination mit einem anderen Morphem (z.B. die Pluralbildung von *Stuhl* zu *Stühl-e)*. Dabei handelt es sich bei *sang* um einen Ablaut, bei *Stühle* um einen Umlaut (vgl. Kapitel 5.2), wobei die beiden Termini sowohl für die Ersetzungsprozesse als auch für die ersetzenden Vokale selbst stehen. Beide Prozesse sind historisch bedingt und für einen Sprecher des Gegenwartsdeutschen nicht mehr nachvollziehbar. Der Ablaut ist bereits aus dem Indoeuropäischen ererbt und erscheint vor allem bei der Bildung des Präteritums und Partizips II sog. starker Verben, z.B. *springen – sprang – gesprungen* (vgl. dazu auch das Substantiv *Sprung)*. Alle anderen Vokalwechsel sind dagegen meist Umlaute (erkennbar vor allem an den „Umlaut-Buchstaben" <ä, ö, ü>). Hier handelt es sich um assimilatorisch bedingte Vokalverschiebungen des Althochdeutschen und Mittelhochdeutschen, die bei der Pluralbildung der Substantive auftreten (z.B. *Lamm – Lämmer)*, der Komparation der Adjektive (z.B. *lang – länger – (am) längsten)* und der Konjunktivbildung der starken Verben (z.B. *ich bot – ich böte)*.

Aus Sicht des Indoeuropäischen geht die Entwicklung im Germanischen bzw. in den germanischen Einzelsprachen von längeren zu kürzeren Wortformen und von synthetischen zu analytischen Bildungen.

Von synthetischen Bildungen spricht man, wenn grammatische Bedeutungen nur durch unselbstständige Morpheme, also flexivische Affixe, ausgedrückt werden, von analytischen, wenn dafür eigene Wörter benötigt werden, evtl. zusätzlich zu Flexiven. Während das Germanische mit dem Präteritum nur ein synthetisches Vergangenheitstempus besaß, hat das Deutsche an Vergangenheitstempora zusätzlich zum synthetischen Präteritum noch ein analytisches Perfekt *(haben/sein* im Präsens + P II, z.B. *ich bin gelaufen)* und ein analytisches Plusquamperfekt *(haben/sein* im Präteritum + P II, z.B. *ich war gelaufen)* entwickelt.

Die einzelnen Wortformen wurden kürzer, was vor allem durch die sich im Germanischen entwickelnde Anfangsbetonung (**Initialakzent**) bedingt ist, wodurch insbesondere die hinteren Elemente und damit die Suffixe oft nicht erhalten blieben. Deshalb werden z.B. auch Singular und Nominativ im standarddeutschen Substantiv nicht als eigenes Morphem realisiert, was historisch nicht immer so war. Beispielsweise lautet der Nominativ Singular von ‚Wolf' im Lateinischen noch *lup-us* mit dem Stammmorphem *lup*, im Gotischen immerhin noch *wulf-s* (mit Wegfall des Vokals im Suffix; aus ide. *p* wurde in der Ersten Lautverschiebung *f*), ab dem Althochdeutschen erscheint dann nur noch das Stammmorphem *wolf.*

7.2 Wortarten und grammatische Kategorien

Prinzipiell kann man Wörter nach vielen verschiedenen Kriterien in Gruppen einteilen. Im Hinblick auf ein Lexikon ist beispielsweise der Anfangsbuchstabe relevant, für Kreuzworträtsel unter anderem die Anzahl der Buchstaben eines Wortes. Aus Sicht des Sprachbaus ist vor allem die Funktion von Wörtern im Satz wichtig. So können Wörter wie *wir, sowohl* oder *über* im Deutschen nicht das Prädikat bilden und *singst* oder *lachte* nicht das Subjekt oder Objekt. Das liegt auch an der Morphologie oder dem Aufbau der Wörter selbst. Im Deutschen muss ein Wort, das das Prädikat bildet, regelhaft beugbar oder flektierbar sein, und zwar nach bestimmten grammatischen Bedeutungen, den sog. **grammatischen Kategorien**. Damit können Wörter auf einer ersten Ebene danach eingeteilt werden, ob sie flektieren oder nicht, wobei innerhalb der beiden Gruppen weitere Unterteilungen möglich sind. Eine übliche Einteilung ist die in insgesamt neun **Wortarten**: Verb, Substantiv, Adjektiv, Artikel, Pronomen, Präposition, Konjunktion, Adverb, Partikel.

Als flektierende Wortarten werden meist Verb, Substantiv, Adjektiv und Artikel/Pronomen betrachtet. Die Flexion der Verben heißt **Konjugation**, die der anderen Wortarten **Deklination**.

Verben konjugieren nach fünf grammatischen Kategorien mit ihren jeweiligen Unterkategorien.

(2) Grammatische Kategorien des Verbs

Person	1., 2., 3. Person (hier Plural: *wir singen, ihr singt, sie singen*)
Numerus	Singular, Plural (hier 2. Person: *du singst, ihr singt*)
Tempus	Präsens (*du singst*), Präteritum (*du sangst*), Perfekt (*du hast gesungen*), Plusquamperfekt (*du hattest gesungen*), Futur I (*du wirst singen*), Futur II (*du wirst gesungen haben*)
Modus	Indikativ, Konjunktiv, Imperativ (*du singst, du singest, sing(e)!*)
Genus Verbi	Aktiv, Passiv (*du schlägst, du wirst geschlagen*)

Substantive haben ein festes Genus (Maskulinum, Neutrum, Femininum) und deklinieren nach den zwei grammatischen Kategorien Numerus und Kasus. Dabei zeigt sich die Veränderung allerdings oft nicht mehr am Substantiv selbst, sondern beispielsweise nur an Artikel und Adjektiv, z.B. *den großen Tisch_* .

(3) Grammatische Kategorien des Substantivs
Numerus   Singular, Plural (*der Tisch, die Tische*)
Kasus   Nominativ, Genitiv, Dativ, Akkusativ (*der Tisch, des Ti-
            sches, dem Tisch, den Tisch*)

Numerus und Kasus treten auch bei **Adjektiven** auf. Hinzu kommen noch Genus sowie Komparation.

(4) Grammatische Kategorien des Adjektivs
Numerus   Singular, Plural (*ein roter Tisch, rote Tische*)
Kasus   Nominativ, Genitiv, Dativ, Akkusativ (*ein roter Tisch,
            eines roten Tisches, einem roten Tisch, einen roten Tisch*)
Genus   Maskulinum, Neutrum, Femininum (*ein roter Stuhl, ein
            rotes Kissen, eine rote Lehne*)
Komparation Positiv, Komparativ, Superlativ (*der kleine Tisch, der
            kleinere Tisch, der kleinste Tisch*)

Vor allem aus der Schule ist für Substantive auch der Begriff **Nomen** bekannt. In der Linguistik ist der Terminus jedoch vieldeutig. Er kann sich nämlich nicht nur auf Substantive beziehen, sondern auch als Oberbegriff für Substantiv und Adjektiv fungieren oder sogar alle deklinierenden Wortarten umfassen. Aufgrund dieser begrifflichen Unklarheiten wird „Nomen" hier nicht verwendet.

Artikel und Pronomen werden außerdem oft in ihrer Funktion als Begleiter und/oder Stellvertreter von Substantiven in einer Kategorie zusammengefasst.

Die **Artikel** werden dabei in den definiten (*der*) und den indefiniten Artikel (*ein*) unterteilt und können nur Begleiter von Substantiven sein. Sie deklinieren nach Genus, Kasus und Numerus. Manche Grammatiken gehen davon aus, dass es darüber hinaus auch einen Null-Artikel gebe, z.B. *ein Haus – Ø Häuser*.

Pronomina heißen so, weil sie typischerweise Stellvertreter von Substantiven oder Substantivgruppen sind, z.B. *Sabine/meine Freundin singt => sie singt*. Sie werden nach ihrer Bedeutung in Demonstrativ-, Indefinit-, Interrogativ-, Personal-, Possessiv-, Reflexiv- und Relativpronomina klassifiziert. Sie deklinieren in der Regel nach Numerus, Kasus und Genus. Personal- und Possessivpronomina unterscheiden im Stamm zusätzlich nach den drei Personen (z.B. *ich/du/er*; *mein/dein/sein*).

(5) Demonstrativpronomen   *dieser, jener, ...*
    Indefinitpronomen   *jemand, man, nichts, etwas, manche*
    Interrogativpronomen   *wer, welcher*
    Personalpronomen   *ich, du, er*
    Possessivpronomen   *meiner, deiner, seiner*
    Reflexivpronomen   *sich*
    Relativpronomen   *der, wer, welcher*

Demonstrativ- und Possessivpronomina können aber nicht nur stellvertretend, sondern auch begleitend stehen.

(6) Demonstrativpronomen   *dieser/jener/... Teich*
     Possessivpronomen   *mein/... Teich*

Dasselbe gilt auch für einige Elemente aus der Gruppe der Indefinit- und Interrogativpronomina.

(7) Indefinitpronomen   *einige/alle/keine/... Teiche*
     Interrogativpronomen   *welcher Teich*

Aufgrund der Tatsache, dass die Pronomina in den beiden letzten Tabellen also ebenso wie die Artikel Substantivbegleiter sein können, werden sie manchmal auch zusammen mit den Artikeln als Artikelwörter bezeichnet.

Als nicht-flektierende Wortarten gelten Präposition, Konjunktion, Adverb und Partikel. Der Terminus Partikel findet sich auch als Oberbegriff für alle nicht-flektierenden Wortarten. Da sich bei den nicht-flektierenden Wortarten keine morphologischen Kriterien anwenden lassen, greift man hier auf syntaktische und/oder semantische zurück.

Präpositionen stehen vor einem Substantiv, einem Pronomen oder einer Nominalphrase (NP) und weisen einen bestimmten Kasus zu. Der Kasus ist also von der jeweiligen Präposition abhängig. Eine NP enthält immer entweder ein Substantiv oder ein Pronomen als sog. Kern. Dieser Kern kann durch Adjektive, Pronomina und Artikel erweitert sein. So steht in den folgenden Beispielen die Präposition *bei* mit einer NP im Dativ: *bei diesem tiefen Teich* (*Teich* = Substantiv und Kern der NP *diesem tiefen Teich*).

Konjunktionen verbinden ganze Sätze oder Satzteile miteinander. Diese Verknüpfung erfolgt nebenordnend oder unterordnend. Unterordnende Konjunktionen (auch: Subjunktionen) verknüpfen nur Sätze miteinander, und zwar leiten sie Nebensätze ein: *Petra träumte, dass sie Sängerin wäre.* Die wichtigsten unterordnenden Konjunktionen sind *dass* (semantisch neutral), *nachdem* (temporal), *weil* (kausal), *falls* (konditional), *obwohl* (konzessiv), *damit* (final), *indem* (modal). Nebenordnende Konjunktionen wie *und, oder, aber* und *denn* verbinden gleichrangige Haupt- oder Nebensätze miteinander: *Petra fährt, denn sie läuft nicht gerne. Petra erfährt, dass sie die Prüfung bestanden hat und (dass sie) bald ihr Abschlusszeugnis bekommt.* Nebenordnende Konjunktionen können neben ganzen Sätzen aber auch nur Satzteile miteinander verknüpfen: *Peter und Petra laufen schnell und hastig.*

Adverbien bezeichnen Umstände eines Geschehens und sind vereinzelt komparierbar, also nicht vollständig unflektierbar, vgl. *öfter* zum Adverb *oft*: *Das mache ich oft/öfter.* Die wichtigsten semantischen Untergruppen sind Lokaladverbien (*wo?, dort, links*), Temporaladverbien (*wann?, nie, immer*), Kausaladverbien (*warum?, darum, daher*) und Modaladverbien (*wie?, so, anders*). In manchen Grammatiken werden zu den Modaladverbien auch unflektierte Adjektive gestellt, wenn sie adverbial gebraucht sind: *Petra schwimmt schnell.*

Partikeln (Singular: *die Partikel*) zeichnen sich vor allem dadurch aus, dass sie nicht als Satzglied fungieren und damit nicht alleine am Satzanfang vor dem Verb stehen können: **Sehr bin ich müde.* Die wichtigsten drei Gruppen sind Modal- oder Abtönungspartikeln (*Das ist ja/doch/schön schwierig*), Steigerungs- oder Gradpartikeln (*Das ist nur/sehr/auch schwierig*) und Antwortpartikeln (*(Ist das schwierig?) Ja/Nein*).

Manchmal gehören dieselben Elemente verschiedenen Wortarten oder Unterwortarten an, abhängig von ihrer jeweiligen Bedeutung und Verwendung. Beispielsweise kann *schön* Modalpartikel oder Adjektiv sein (*Das ist schön schwierig/Das ist schön*), *ja* kann Modal- oder Antwortpartikel sein (*Das ist ja schwierig/Ja* (als Antwort auf eine Frage)), *die* kann definiter Artikel oder Relativpronomen sein (*Hier steht die Frau* (definiter Artikel), *die* (Relativpronomen) *ich kenne*) usw.

7.3 Analogie

Im Bereich des Formenwandels ist ganz besonders ein Prinzip wirksam, das **Analogie** genannt wird. Analogie bedeutet nichts anderes, als dass eine Form sich lautlich nach dem Vorbild einer anderen verändert, indem sie sich an die Lautung der anderen Form angleicht. Dass die jeweiligen Formen überhaupt in einen Zusammenhang gebracht werden, liegt daran, dass sie auf der Bedeutungsebene Gemeinsamkeiten haben. Ziel ist dabei ein Formenausgleich nach dem Grundsatz „eine Bedeutung – eine Lautung". Ein einfaches Beispiel soll dies verdeutlichen.

Im Deutschen stehen sich im Bereich der Präteritumbildung sog. starke Verben mit Ablaut (z.B. *band*) und sog. schwache Verben mit *te* (z.B. *koch-te*) gegenüber. Die Bedeutung Präteritum wird also durch zwei Lautungen (Ablaut und Dentalsuffix) ausgedrückt. Da die schwache Präteritumbildung im Deutschen zahlenmäßig dominiert, kann es dazu kommen, dass die schwache Präteritumbildung mit *te* auf ein ursprünglich starkes Verb mit Ablaut übertragen wird. Dadurch entsteht eine neue schwache Form anstelle der alten starken, die im Laufe der Zeit ausstirbt. Genau das ist es, was folgendem Beispiel zugrundeliegt:

(8)   Verb   Präteritum
       kochen   *kochte*
       backen   *backte* (neu)/*buk* (alt)

Man spricht hier auch von einer Übergeneralisierung im Sinne einer „falschen" Anwendung eines vorliegenden, meist des dominanten, Musters. Die Übergeneralisierung der schwachen Verbbildung findet sich im Übrigen nicht nur in der Sprachgeschichte, sondern auch im Erst- und Zweitspracherwerb, wenn z.b. *gehte* anstelle von *ging* gesagt wird.

Analogiebildungen bzw. Übergeneralisierung wird uns in den nächsten Kapiteln ganz besonders begegnen, wenn es um den Wandel im Bereich der Flexion geht. Zu beachten ist damit, dass ein Wandel auf der Formebene nicht immer Lautwandel im eigentlichen Sinne ist, sondern auch durch Analogiewirkung erfolgen kann.

Oft werden durch Analogiebildungen Formunterschiede, die durch Lautwandel entstanden sind, sogar wieder beseitigt. Ein solcher Fall ist uns in Kapitel 6.1 bei der im Frühneuhochdeutschen vorherrschenden Dehnung in offener Tonsilbe begegnet. Während das *a* in mhd. *glases* (Gen.Sg. von *glas*), *gleser* (Nom.Pl.) usw. zum Frühneuhochdeutschen hin gedehnt wird, bleibt es im Nominativ Singular *glas* zunächst kurz, da hier eine geschlossene Silbe vorliegt. Nach dem Grundsatz „eine Bedeutung – eine Lautung" wird im Frühneuhochdeutschen dann aber auch das gedehnte *a* auf *glas* übertragen. Diese Veränderung ist jedoch nicht lautlich bedingt, sondern rein semantisch-morphologisch. Die Analogiebildung nach dem Muster des Gen.Sg. usw. führt zum Formausgleich innerhalb eines Paradigmas.

7.4 Zusammenfassung

▪ Wörter werden nach ihrer Verwendung im Satz in Wortarten eingeteilt.
▪ Fünf Wortarten können flektieren, d.h., die jeweiligen Wörter drücken durch Affigierung und/oder Umlaut bzw. Ablaut grammatische Bedeutungen aus. Die fünf flektierenden Wortarten sind Verb, Substantiv, Adjektiv, Artikel, Pronomen. Als

die vier nicht-flektierenden Wortarten gelten Adverb, Konjunktion, Partikel und Präposition.
- Die Flexion der Verben wird Konjugation, die der anderen Wortarten Deklination genannt.
- Formenwandel spielt sich vor allem im Bereich von Analogiebildungen (eine Bedeutung – eine Lautung) ab, wodurch im Idealfall einheitliche Paradigmen entstehen.

Grundbegriffe: Morphologie, Morphem, Flexion, Flexiv, Stamm, Stammmorphem, Affix, Suffix, Präfix, Zirkumfix; Wortarten, Verb, Substantiv, Adjektiv, Artikel, Pronomen, Präposition, Konjunktion, Adverb, Partikel, grammatische Kategorien, Konjugation, Deklination; Genus (Maskulinum, Femininum, Neutrum), Genus Verbi (Aktiv, Passiv), Kasus (Nominativ, Genitiv, Dativ, Akkusativ), Komparation (Positiv, Komparativ, Superlativ), Modus (Indikativ, Konjunktiv, Imperativ), Numerus (Singular, Plural), Person (1., 2., 3.), Tempus (Präsens; Präteritum, Perfekt, Plusquamperfekt; Futur I, Futur II); Analogie(bildungen).

Aufgabe 1: Wie könnte man die folgenden Verbformen in Sätzen von kleineren Kindern erklären? (i) *Ich habe ein Lied gesingt*. (ii) *Er springte in den Sandkasten*. (iii) *Sie ist nach Hause gelauft*.

Aufgabe 2: Weisen Sie den Wörtern in dem folgenden Satz ihre jeweilige Wortart zu: *Das Buch, das dort auf dem Tisch liegt, wurde von mir regelrecht verschlungen*.

Aufgabe 3: Handelt es sich bei *wegen, seit, nachdem, hinter* jeweils um eine Präposition, eine Konjunktion oder kann beides zutreffen?

Weiterführende Literatur: Zur Flexion: Thieroff/Vogel (2012); Zur Analogie Hock (1991): Kapitel 9-10;

8 Formenwandel: Verben

8.1 Grammatische Kategorien

Verben flektieren bzw. konjugieren im Standarddeutschen nach den folgenden fünf grammatischen Kategorien:

- Person   (1., 2., 3. Person),
- Numerus   (Singular, Plural),
- Tempus   (Präsens; Präteritum, Perfekt, Plusquamperfekt; Futur I, Futur II),
- Modus   (Indikativ, Konjunktiv, Imperativ) und
- Genus Verbi (Aktiv, Passiv).

Verglichen mit dem indoeuropäischen System haben das Germanische sowie die germanischen Einzelsprachen meist eine Reduktion der Formen erfahren, im Bereich Tempus erfolgte jedoch ein Ausbau. Die Anfänge dieses Ausbaus fallen aber in die einzelsprachliche Zeit, das Germanische (im Sinne eines rekonstruierten Gemeingermanischen, das etwa für die Zeit 1000 v.Chr. bis 200 n.Chr. angesetzt wird) zeigt also nur Reduktion. Mit der zahlenmäßigen Abnahme unterschiedlicher Formen fallen vorher formal getrennte Bedeutungen zusammen, man spricht dabei von **Synkretismus**.

Als Überblick werden die Veränderungen vom Indoeuropäischen zum Germanischen nachfolgend sehr vereinfacht in Tabellenform zusammengefasst. Dabei stehen immer die Kategorien bzw. grammatischen Bedeutungen in einer Zeile zusammen, die von ihrer Form her historisch zusammenhängen, unabhängig von ihrer Semantik. Als Termini werden die in der einschlägigen Literatur gängigen verwendet. Details werden im Anschluss an die Tabelle erläutert. Grundsätzlich handelt es sich bei den hier behandelten Formen immer um synthetische, alle Markierungen erscheinen also noch direkt am Verb selbst.

	Indoeuropäisch	Germanisch
Person	1., 2., 3.	1., 2., 3.
Numerus	Singular (= 1)	Singular (= 1)
	Dual (= 2)	(Dual (= 2))
	Plural (> 2)	Plural (> 2)
Genus Verbi	Aktiv (vom Handlungsträger ausgehendes Geschehen)	Aktiv (vom Handlungsträger ausgehendes oder ihn betreffendes Geschehen)
	Mediopassiv/Medium (den Handlungsträger betreffendes Geschehen)	Passiv (den Handlungsträger betreffendes Geschehen)
Tempus	Präsens (Gegenwart bei Verlaufsverben, z.B. *blühen*)	Präsens (Gegenwart)
	Imperfekt (Vergangenheit bei Verlaufsverben, z.B. *blühen*)	–
	Perfekt (Gegenwart bei „Zustand durch vorausgegangene Abgeschlossenheit"-Verben, z.B. *verblüht (sein)*)	Präteritum (Vergangenheit)

	Plusquamperfekt (Vergangenheit bei „Zustand nach Abgeschlossenheit"-Verben, z.B. entsprechend *verblüht (gewesen sein)*)	–
	Aorist (Vergangenheit bei Abgeschlossenheitsverben, z.B. *verblühen*)	–
Modus	Indikativ (Wirklichkeit)	Indikativ (Wirklichkeit)
	Konjunktiv (Wille)	–
	Optativ (Wunsch)	Optativ/Konjunktiv (Wille, Wunsch)
	Imperativ (Befehl)	Imperativ (Befehl)

Tab. 1: Die Verbalkategorien vom Indoeuropäischen zum Germanischen

Betrachtet man das Paradigma eines indoeuropäischen Verbs, z.b. im Präsens Indikativ, so zeigen sich im Vergleich der einzelnen Formen „Bruchstellen", wobei der linke einheitliche Teil als Stammmorphem, der rechte variable Teil als Person-Numerus-Flexiv interpretiert wird. Als Beispiel dient hier das Stammmorphem **bher-* mit der Bedeutung ‚trag(en)'.

(1)

Ide.	Stammmorphem	Zum Stamm oder zum Flexiv gehörig?	Person-Numerus-Flexiv
1.P.Sg.	**bher*	ō	Ø
2.P.Sg.	**bher*	e	si
3.P.Sg.	**bher*	e	ti
1.P.Pl.	**bher*	o	mes
2.P.Pl.	**bher*	e	te
3.P.Pl.	**bher*	o	nti

Zwischen Stammmorphem und Flexiv zeigt sich jedoch noch ein Vokal *e*, der in der 1. und 3.P.Pl. einen qualitativen Ablaut zu *o* und in der 1.P.Sg. einen kombinierten qualitativ-quantitativen Ablaut zu *ō* zeigt. Aufgrund der regelmäßigen Veränderung wird der jeweilige Vokal als **Themavokal** oder **stammbildendes Element** zum Stamm gezählt und bildet zusammen mit dem Stammmorphem einen komplexen Stamm.

(2)

Ide.	Stammmorphem = komplexer Stamm	Themav.	Person-Numerus-Flexiv
1.P.Sg.	**bher*	ō	Ø
2.P.Sg.	**bher*	e	si
	usw.		

Es gibt auch Stämme, die keinen Themavokal enthalten, man spricht dann von athematischen Bildungen. Meist galt dies nur für manche Stammbildungen eines Verbs (so kann das Präsens thematisch, das Präteritum athematisch gebildet sein), bei den sog. **Wurzelverben** waren alle Stämme athematisch.

Da sich das stammbildende Element stark verändert, ist das (ursprüngliche) stammbildende Element im Althochdeutschen zum Flexiv zu zählen, ein separater Themavokal ist also nicht mehr anzusetzen. Die historische Grenze zwischen altem Themavokal und altem Person-Numerus-Flexiv ist zur besseren Nachverfolgung mit „-" markiert. Ahd. *beran* ebenso wie mhd. *bëren* haben neben ‚tragen' bereits die zusätzliche Bedeutung ‚gebären', die heute die einzig erhaltene ist.

(3)	Ahd.	Stammmorphem	Person-Numerus-Flexiv
	1.P.Sg.	*bir*	*u-Ø*
	2.P.Sg.	*bir*	*i-s(t)*
	3.P.Sg.	*bir*	*i-t*
	1.P.Pl.	*ber*	*u-mēs*
	2.P.Pl.	*ber*	*e-t*
	3.P.Pl.	*ber*	*a-nt*

Im Singular verändert sich zudem das Stammmorphem assimilationsbedingt durch Hebung (+ Palatalisierung) von *e* zu *i* von *ber* zu *bir* (vgl. Kapitel 4.3, Fall 1.3).

Durch die Nebensilbenabschwächung zum Mittelhochdeutschen wird der ursprüngliche Themavokal einheitlich zum Schwa und daher in synchroner Hinsicht (d.h. zu einem einzigen Zeitpunkt der Betrachtung) wieder durchgängig als Teil des Stammes analysiert.

(4)	Mhd.	Stammmorphem	Person-Numerus-Flexiv
	1.P.Sg.	*bire*	*Ø*
	2.P.Sg.	*bire*	*st*
	3.P.Sg.	*bire*	*t*
	1.P.Pl.	*bëre*	*n*
	2.P.Pl.	*bëre*	*t*
	3.P.Pl.	*bëre*	*n*

Die Synkopierung des dann zum Schwa abgeschwächten ursprünglichen Themavokals in einigen neuhochdeutschen Formen (teilweise bereits im Mittelhochdeutschen) führt wiederum dazu, dass der Vokal dort, wo er bestehen bleibt, erneut zur Endung zählt, da er nicht mehr durchgängig vorhanden und damit nicht Bestandteil des einheitlichen Stammes ist. Es existiert im Übrigen nur noch die präfigierte Form *gebär-* in der Bedeutung ‚zu Ende tragen = gebären'. Die historische Grenze zwischen altem Themavokal (wenn nicht synkopiert) und altem Person-Numerus-Flexiv ist zur besseren Nachverfolgung mit „-" markiert.

(5)

Nhd.	Stammmorphem	Person-Numerus-Flexiv
1.P.Sg.	*gebär*	*e-Ø*
2.P.Sg.	*gebier/gebär*	*st*
3.P.Sg.	*gebier/gebär*	*t*
1.P.Pl.	*gebär*	*e-n*
2.P.Pl.	*gebär*	*t*
3.P.Pl.	*gebär*	*e-n*

Im gesamten Singular zeigt sich im Vergleich zum Mittelhochdeutschen zudem ein Analogieausgleich zum Stamm im Plural (*gebär* statt folgerichtigem *gebier*), wobei in der 2. und 3. Person Singular noch beide Stammmformen nebeneinander bestehen und die historisch ältere (*gebier-*) als gehoben empfunden wird.

In der diachronen, d.h. zeitlich übergreifenden, Zusammensicht, zeigt sich sogar, dass sowohl der ursprüngliche Stammauslaut (der Themavokal) als auch das ursprüngliche Person-Numerus-Flexiv im Neuhochdeutschen weitgehend erhalten sind. Im Mittelhochdeutschen kann dcr alte Themavokal jedoch als Stammauslaut (SA) interpretiert werden, im Alt- und Neuhochdeutschen zählt er zum Flexiv (F).

(6)

	Ide.	Ahd.	Mhd.	Nhd.
	SA-F	F	SA-F	F
1.P.Sg.	**ō-Ø*	*u-Ø*	*e-Ø*	*e-Ø*
2.P.Sg.	**e-si*	*i-s(t)*	*e-st*	*st*
3.P.Sg.	**e-ti*	*i-t*	*e-t*	*t*
1.P.Pl.	**o-mes*	*u-mēs*	*e-n*	*e-n*
2.P.Pl.	**e-te*	*e-t*	*e-t*	*t*
3.P.Pl.	**o-nti*	*a-nt*	*e-n*	*e-n*

Person und Numerus sind in dem entsprechenden Flexiv grundsätzlich zusammen kodiert. Im Germanischen sind dabei noch eigene Flexive für alle drei Personen und alle drei Numeri (Sg., Pl., Dual) erhalten. In den Einzelsprachen zeigen sich bereits Einbrüche, da der Dual (für „Zweiheit") selbst im Gotischen (dessen Texte bereits aus dcm 4. Jh. n.Chr. stammen) nicht mehr in der 3. Person erhalten ist. Man vgl. aber noch in der 2.P.Pl.: got. *baír-a-ts* ‚ihr (zwei) tragt', *baír-i-þ* ‚ihr (mehr als zwei) tragt'. In den jüngeren Einzelsprachen setzt sich diese Entwicklung fort, der Dual ist als eigene Form ganz verschwunden, die Funktion wird von der Pluralform mit übernommen, deren Bedeutung dadurch sowohl „2" als auch „>2" umfasst und sich somit automatisch auf „>1" verschiebt.

Im Indoeuropäischen gab es allerdings nicht nur einen, sondern mehrere Flexivsätze. So kamen die verschiedenen Genera Verbi ursprünglich alleine durch Wechsel des Flexivsatzes zum Ausdruck.

Dabei werden zwei Genera Verbi angesetzt, nämlich **Aktiv** und **Mediopassiv**. Sie sind jeweils an einen eigenen Satz an Person-Numerus-Suffixen gebunden, so dass im Falle eines Flexivwechsels ein Bedeutungsunterschied bewirkt wird. Beim Aktiv geht ein Geschehen vom Handlungsträger bzw. Subjekt aus (z.B. entsprechend *waschen*), im Falle des Mediopassivs ist der Handlungsträger bzw. das Subjekt vom Geschehen betroffen, entweder durch sich selbst (Medium-Interpretation, z.B. entsprechend *sich waschen*) oder durch jemand anderen (Passiv-Interpretation, z.B. entsprechend *gewaschen werden*). So noch im Altgriechischen:

(7) Altgriechisch
   a. Aktiv: *loú-e-te* ,ihr wascht (jdn. oder etw.)'
   b. Mediopassiv: *loú-e-sthe* ,ihr wascht euch selbst/ihr werdet gewaschen'

Auf der Basis der gotischen Befunde ist für das Germanische anzunehmen, dass die Aktivendungen bestehen bleiben, aber zusätzlich den medialen Bedeutungsausschnitt der mediopassivischen Affixe mit übernehmen. Eigentlich sollte man deshalb auf der Basis der Bedeutung von Medioaktiv und nicht von Aktiv sprechen. Ohne den medialen Anteil repräsentieren die ursprünglichen Mediopassivendungen nur noch den rein passivischen Bedeutungsteil, wo der Handlungsträger von einem (durch einen anderen ausgeübten) Geschehen betroffen ist. Deshalb wird hier im Gotischen auch nur noch von Passiv und nicht mehr von Mediopassiv gesprochen.

(8) Gotisch
   a. Aktiv: *baír-i-þ* ,ihr tragt'
   b. Passiv: *baír-a-nda* ,ihr werdet getragen' (Flexivanalogie aus 3.P.Pl.)

Bei den jüngeren Einzelsprachen ist die synthetische Passivbildung mit ursprünglichen Mediopassivendungen verschwunden, dafür hat sich eine neue analytische Konstruktion mit *werden* und/oder *sein* herausgebildet, die folgerichtig nur noch Passiv heißt.

Die weitreichendsten Veränderungen ergeben sich im Bereich Tempus. Tempus als zeitliche Einordnung des Geschehens im Hinblick auf den Sprecherzeitpunkt als vergangen oder gegenwärtig (Markierung als zukünftig ist von vornherein ausgeschlossen) existiert im Indoeuropäischen nur im Indikativ und in enger Verknüpfung mit der Semantik der verbalen Handlungsarten (Aktionsarten). **Aktionsarten** können vereinfacht als „Verlauf" (vgl. *blühen*), „Ergebnis/Zustand des Handlungsträgers" (vgl. *verblüht*) oder „Vollzug" (vgl. *verblühen*) charakterisiert werden. Man spricht von Präsensstamm (Verlauf), Perfektstamm (Ergebnis) und Aoriststamm (Vollzug). Die Stämme weisen zusätzlich Zeitbezüge auf, wobei

Präsensstamm sowie Perfektstamm Gegenwartsbedeutung, der Aoriststamm Vergangenheitsbedeutung haben. Auf der Basis von Präsens- und Perfektstamm können zusätzlich Imperfekt- und Plusquamperfektstämme gebildet werden, die beide Vergangenheitsbedeutung haben.

(9) a. Verlauf: Präsensstamm (Gegenwart)
       Imperfektstamm (Vergangenheit)
  b. Ergebnis: Perfektstamm (Gegenwart)
       Plusquamperfektstamm (Vergangenheit)
  c. Vollzug: Aoriststamm (Vergangenheit)

Diese fünf Stämme wurden im Indoeuropäischen vor allem mithilfe von Affixen gebildet, aber auch Ablaut oder eine Kombination von Affix und Ablaut war möglich.

Im Germanischen und den germanischen Einzelsprachen sind von den verschiedenen Stammbildungen nur noch zwei übrig geblieben, die hins. ihrer Form die alten Präsens- und Perfektstämme weiterführen. Sie sind unabhängig von den Aktionsarten im Prinzip zu jedem Verbstammmorphem möglich und repräsentieren nun die Tempora Präsens (mit Gegenwartsbezug) und Präteritum (mit Vergangenheitsbezug).

(10) ide. Präsensstamm (Ggw.) > germ. Präsens (Ggw.)
   ide. Perfektstamm (Ggw.) > germ. Präteritum (Verg.)

Das **Präsens** (als Formfortführer des historischen Präsensstammes) ist in den indoeuropäischen Einzelsprachen meist unmarkiert, es gibt also kein eigenes Präsensmorphem. Im Indoeuropäischen standen zur Bildung des Präsensstammes jedoch häufig Affixe zur Verfügung, die heute teilweise noch relikthaft im Präsens auftauchen und als Ausnahmen nur historisch erklärbar sind. Möglich waren als Präsensmarker etwa:

- Präfixale Reduplikation, d.h. die Verdoppelung des Anfangskonsonanten des Stammmorphems: z.B. lat. *gi-gn(-ō)* ‚ich bringe hervor' (*-ō* ist der alte Themavokal), aber *gen(-u-ī)* ‚ich habe hervorgebracht' mit qualitativ ablautendem Stammmorphem und Perfektsuffix *-u-* sowie eigenem Endungssatz.
- Suffixale *sk-* oder *i*-Elemente zwischen Stammmorphem und (altem) Themavokal: z.B. lat. *ven-i(-ō)* ‚ich komme' (aber *vēn(-ī)* ‚ich bin gekommen' mit quantitativ ablautendem Stammmorphem und eigenem Endungssatz). Ein solches *i*-Element führt im Germanischen zu den *j*-Präsentien (Jotpräsentien) und als Folge davon z.B. im Präsens zu *ich sitze* mit Affrikate, aber zu *ich saß* im Präteritum mit Frikativ (vgl. Ka-

pitel 8.3, Ablautreihe V). Mit *sk*-Element findet sich etwa lat. *cognō-sc(-ō)* ‚ich erkenne' (aber *cognō(-v-ī)* ‚ich habe erkannt' mit quantitativ ablautendem Stammmorphem, fix -*v*- und eigenem Endungssatz). Man vgl. als relikthafte *sk*-Bildung etwa auch noch ital. *capi-sc(-ō)* ‚ich verstehe'.

▪ Infixale Nasalelemente, d.h. Affixe, die ins Stammmorphem selbst eingefügt wurden, z.B. lat. *ru-m-p(-ō)* ‚ich breche', aber *rūp(-ī)* ‚ich habe gebrochen' mit quantitativ ablautendem Stammmorphem und eigenem Endungssatz. Eine solche relikthafte Nasalbildung findet sich auch noch in engl. *stand* (Präsens) mit Nasal gegenüber *stood* (Präteritum) ohne Nasal. Im Deutschen dringt der eigentlich nur präsentische Nasal ab dem Mittelhochdeutschen auch in nichtpräsentische Formen ein, vgl. nhd. *ich stand*, während sich im Präsens andere nasallose Formen durchsetzen.

Im **Präteritum** als Formfortführer des historischen Perfektstammes sind die Vergangenheitsbedeutungen von Imperfekt, Aorist und Plusquamperfekt zusammengefallen. Der alte Perfektstamm wurde vor allem mithilfe präfixaler Reduplikation (wie auch im Präsens möglich) gebildet, z.B. lat. *pe-pend(-ī)* ‚ich habe aufgehängt' gegenüber *pend(-ō)* ‚ich hänge auf'. Auch Ablaut im Stammmorphem war möglich oder eine Kombination von Ablaut und Reduplikation. Zusätzlich kam ein anderer Flexivsatz als im Präsensstamm hinzu, was nicht nur im Lateinischen (siehe oben), sondern auch im heutigen Deutschen noch sichtbar ist, vgl. *(sie) schwimm-t* im Präsens gegenüber endungslosem *(sie) schwamm* im Präteritum.

Im Germanischen ist im Präteritum (alter Perfektstamm) v.a. die Ablautbildung erhalten, die sogar noch ausgebaut wurde. Daraus konstituiert sich die Gruppe der sog. starken Verben, z.B. *schwimmen, tragen, fahren* usw. (s. Kapitel 8.3). Hinzu kam eine neue Präteritumbildung auf der Basis der Flexionsformen von germ. **dōn* ‚tun', woraus sich im Deutschen ein *t*-haltiges Suffix ergab, das heute zwischen Stamm und Person-Numerus-Flexiv steht. Daraus konstituiert sich die Gruppe der sog. schwachen Verben, z.B. *lachen* (*lach-te-st*), *kaufen* (*kauf-te-st*), *suchen* (*such-te-st*) usw. Reduplikation ist bereits im Germanischen marginalisiert, so dass diese Bildung sogar im Gotischen nur noch in Einzelfällen erhalten ist, z.B. *haí-hait* ‚ich hieß' zu *haitan* (nur Reduplikation), *laí-lōt* ‚ich ließ' zu *lētan* ‚lassen' (Reduplikation und Ablaut).

Neben synthetisch gebildetem Präsens und Präteritum existieren in den germanischen Einzelsprachen nur analytische Tempora (Perfekt, Plusquamperfekt, Futur I, Futur II). Dass sich das im Laufe der

Zeit ändern kann und analytische prinzipiell wieder zu synthetischen Tempora werden können, zeigt das Beispiel des Französischen, dessen heutige synthetische Futurbildung auf eine analytische Modalkonstruktion des Altfranzösischen (ca. 800 bis 1400 n.Chr.) mit *müssen*-Bedeutung zurückgeht: altfrz. *cantare habet* ‚er/sie/es hat zu singen' > neufrz. *chantera* ‚er/sie/es wird singen' (Wolf/Hupka 1981: 137). Für eine solche „Synthetisierung" analytischer Tempora gibt es in den germanischen Sprachen aber (noch) keine Anzeichen.

Im Bereich des Modus ist der Indikativ unmarkiert, Imperativ, Konjunktiv und Optativ sind meist durch eigene Stammbildungssuffixe zwischen Themavokal und Flexiv markiert.

Der **Imperativ** (Befehl) ist im Germanischen in der 2. und 3. Person parallel zum Indoeuropäischen erhalten, das zeigt auch noch das Gotische. In den jüngeren Einzelsprachen existiert der Imperativ jedoch nur noch in der 2. Person. Der **Indikativ** (Wirklichkeit) bleibt erhalten, der **Konjunktiv** (Wille) als eigene Form fällt weg, seine Funktion wird vom **Optativ** (Wunsch) bzw. von der Optativform mit übernommen, die dadurch neben Wunsch auch Wille ausdrückt. Im Lateinischen war es umgekehrt, dort hat die Konjunktivform die Optativfunktion mit übernommen, die lateinische Grammatikschreibung spricht hier auch folgerichtig von „coniunctivus". Da die deutsche Grammatikschreibung sich stark an der lateinischen orientiert, kommt es möglicherweise daher, dass viele deutsche Grammatiken von „Konjunktiv" sprechen, obwohl im Deutschen die Optativform vorliegt.

Konkret handelt es sich bei diesem alten Optativ um ein zwischen Themavokal und Flexiv eingefügtes indoeuropäisches Suffix *i* (im Präsens) oder *ī* (im Präteritum). Außerdem konnte teilweise der Flexivsatz im Vergleich zum Indikativ wechseln.

Das nachfolgende Beispiel zeigt eine Form in der 2.P.Pl. Optativ Präsens. Dabei wird der Diphthong „Themavokal + Modusmarker *i*" im Westgermanischen monophthongiert und nachfolgend teilweise gekürzt. Dadurch konnte im Deutschen auch kein Umlaut eintreten.

(11)

Stammmorphem	Themav.	Modus-suffix	Flexiv (2.P.Pl.)
	= komplexer Stamm		
got.	*baír*	*a*	*i*	*þ*
ahd.	*ber*	*ē*		*t*
mhd.	*bër*	*e*		*t*
nhd.	*gebär*	*e*		*t*

‚(ihr) trüget (dt. auch ‚gebäret')'

Im Präteritum ist die Bildung athematisch. Der Optativmarker lautet
ī, das im Gotischen <ei> geschrieben wird. Im Deutschen bewirkt
er regelmäßig Umlaut (bei *a* im Stammmorphem Primär- oder Sekundärumlaut, bei einem anderen Vokal als *a* Restumlaut, vgl. in
der folgenden Tabelle die mhd. Form, zum Umlaut s. Kapitel 4.2
und 5.2).

(12)

Stammmorphem	Themav.	Modus-suffix	Flexiv (2.P.Pl.)
	= komplexer Stamm		
got.	*bēr*	Ø	*ei*	*þ*
ahd.	*bār*	Ø	*ī*	*t*
mhd.	*bær*	Ø	*e*	*t*
nhd.	*gebär*		*e*	*t*

‚(ihr) trüget (dt. auch ‚gebäret')'

Zusammengefasst lässt sich festhalten:

▪ Der Numerus Dual ist relikthaft nur auf älteren Sprachstufen
erhalten, die Bedeutung wird meist vom Plural aufgefangen.

▪ Person und Numerus werden immer in einem einzigen Flexiv
realisiert, wobei der ursprüngliche Themavokal (stammbildendes Suffix) synchron oft als Teil davon interpretiert wird.

▪ Das Genus Verbi Mediopassiv wurde im Indoeuropäischen
alleine durch andere Flexive realisiert, im Gotischen drückt die
Form nur noch Passivität aus; im Deutschen werden mediale
Bedeutungen durch das Aktiv oder eine Reflexivkonstruktion
ausgedrückt, das Passiv wird rein analytisch gebildet.

▪ An synthetischen Tempora sind nur das Präsens und das Präteritum erhalten, die auf den indoeuropäischen Präsens- bzw.
Perfektstamm zurückgehen. Alle anderen Tempora sind analytisch gebildet.

▪ Der Perfektstamm wurde im Indoeuropäischen entweder mittels anderer Flexive und Ablaut oder mittels Reduplikation
bzw. Reduplikation und Ablaut gebildet; Reduplikation ist nur
noch relikthaft auf älteren Sprachstufen erhalten, dominant

und sogar ausgebaut wurde die Bildung mit Ablaut sowie eine neue germanische *t*-Suffixbildung.

▪ Der Modus Konjunktiv ist verschwunden, die Bedeutung (Wille) wird vom Optativ (Wunsch) aufgefangen.

8.2 Konjugationsklassen

Verben werden im Hinblick auf Unterschiede in ihrer Flexion in verschiedene **Konjugationsklassen** eingeteilt. Welche Merkmale sich dafür anbieten, kann von Sprache zu Sprache variieren. Für die indoeuropäische Grundsprache ebenso wie z.b. noch für das Altgriechische ist eine Einteilung in thematische und athematische Verben sinnvoll. Die (leicht) unterschiedlichen Flexivsätze sowie der vorhandene bzw. fehlende Themavokal führen aus synchroner Sicht im Altgriechischen zu zwei Haupttypen von Person-Numerus-Flexion. Man vgl. zuerst den Präsens Indikativ des thematischen Verbs *paideú-* ‚erzieh(en)'.

(13)	Altgr.	Stammmorphem	Person-Numerus-Flexiv
	1.P.Sg.	*paideú*	*ō*
	2.P.Sg.	*paideú*	*eis*
	3.P.Sg.	*paideú*	*ei*
	1.P.Pl.	*paideú*	*omen*
	2.P.Pl.	*paideú*	*ete*
	3.P.Pl.	*paideú*	*ousi(n)*

Hier sind im Flexiv noch sehr klar die ursprünglichen indoeuropäischen Themavokale *e* bzw. ablautend *o/ō* zu erkennen, die im folgenden Paradigma des athematischen Verbs *títhē-/tithé-* ‚setz(en)' fehlen. Wegen des *mi*-Flexivs in der 1. Person Singular werden diese Verben auch *mi*-Verben genannt.

(14)	Altgr.	Stammmorphem	Person-Numerus-Flexiv
	1.P.Sg.	*títhē*	*mi*
	2.P.Sg.	*títhē*	*s*
	3.P.Sg.	*títhe*	*si(n)*
	1.P.Pl.	*títhē*	*men*
	2.P.Pl.	*títhe*	*te*
	3.P.Pl.	*tithé*	*āsi(n)*

Das Germanische und die germanischen Einzelsprachen haben jedoch die meisten der athematischen Verben verloren oder sie der Konjugation der thematischen Verben durch Analogie angepasst. Das einzige Verb im Deutschen, bei dem sich auch heute noch seine ursprünglich athematische Bildung zeigt, ist *sein*, das in der 1. Person Singular Präsens immer noch eine Nasalendung *n* aufweist, die auf das Flexiv *mi* zurückgeht: *bi-n*, *bi-st*.

Stattdessen werden für die Konjugationsklassen in germanischen Sprachen insbesondere Unterschiede in der Präteritumbildung herangezogen, woraus sich primär eine Einteilung in die zwei Konjugationsklassen der starken und schwachen Verben ergibt. Die Bezeichnungen „stark" und „schwach" gehen auf Jacob Grimm zurück, der sie erstmals in seiner „Deutschen Grammatik" von 1819 verwendete. Entscheidend für die Einteilung in stark und schwach ist die Art der Präteritumbildung.

Starke Verben wie *singen* bilden ihr Präteritum regelmäßig mithilfe eines Vokalwechsels im Stammmorphem, dem sog. Ablaut. Diese Verben sind nach Jacob Grimm deshalb „stark", da sie ihr Präteritum sozusagen mit eigenen Mitteln aus sich selbst heraus bilden, ohne zusätzliche Affixe.

(15) sing(-en) – ich sang

Das Ablautprinzip als solches ist aus dem Indoeuropäischen ererbt. Bei der Bildung der Tempusstämme konnte der Ablaut im Perfektstamm auftreten, dem Form-Vorläufer des germanischen Präteritums. Neben dem reinen Ablaut war inbesondere die Reduplikation (mit oder ohne Ablaut) üblich, beides ist in den indoeuropäischen Einzelsprachen nur noch relikthaft vorhanden oder ganz verschwunden. Als Ersatz sind meist Suffixbildungen eingetreten, so etwa das Perfekt im Lateinischen mit *v*-Suffix, z.B. *cognō(-v-ī)* ‚ich habe erkannt'. Die germanischen Sprachen haben jedoch den Ablaut als alleiniges Tempuskennzeichen in der Gruppe der sog. starken Verben erhalten und sogar ausgebaut, wobei es im heutigen Deutsch immerhin etwa 170 starke verbale Stammmorpheme gibt. Dazu kommen noch die dazu mittels wortgebildeten Verben, so gehören etwa zum Stammmorphem *fahr-(en)* auch Verben bzw. Verbstämme wie *befahr-(en)*, *erfahr-(en)*, *hinauffahr-(en)* usw.

Auch das Germanische hat im Bereich seines Vergangenheitstempus, dem Präteritum, eine neue Suffixbildung entwickelt, das sog. **Dentalsuffix** *t*. Es geht auf Flexionsformen von germ. **dōn* ‚tun' zurück wobei der Plosiv *d* durch die Zweite Lautverschiebung zu *t* wurde (vgl. Kapitel 4.1). Der Begriff ergibt sich aus dem Artikulationsort von *d* bzw. *t*, der dental oder (post)alveolar sein kann (vgl. Kapitel 3.1). Die Entstehung eines grammatischen Elements aus einem lexikalischen wird im Übrigen **Grammatikalisierung** genannt.

Verben, die ihr Präteritum mit dem Dentalsuffix bilden, heißen **schwache Verben.** Sie sind deshalb morphologisch gesehen „schwach", weil sie im Gegensatz zu den starken Verben eigenes Tempusmorphem benötigen.

(16) kauf-en – kauf-te, kauf-te-st usw.

Historisch gesehen haben schwache Verben aber noch eine Besonderheit: Sie sind keine primären Verben, sondern mithilfe eines zusätzlichen Wortbildungssuffixes von anderen Stammmorphemen abgeleitet. Das Suffix dient v.a. dem Wortartwechsel, vergleichbar etwa heutigem *banalisier(en)*, wobei das Suffix *isier* aus dem Adjektiv *banal* ein Verb macht.

Zur Verfügung stehen im Germanischen v.a. drei Ableitungssuffixe, nämlich *i/j*, *ō* und *ē*, die auf ide. * *i̯/ei̯*, **ā* und **ē* zurückgehen. Diese Ableitungssuffixe sieht man etwa auch noch in lat. *custōdi̅-re* ‚bewachen', *plantā̅-re* ‚pflanzen' oder *tacē̅-re* ‚schweigen'. Sie stehen zwischen Stammmorphem und Themavokal, der im Germanischen meist *i* (für ide. *e*) oder *a* (für ide. *o*) lautet. Damit ist der Stamm von vornherein dreiteilig.

(17)

Stammm.	Wortbildungssuffix	Themav.	Flexiv
	= komplexer Stamm		

Das folgende Beispiel soll das Schema verdeutlichen. Dabei handelt es sich um die Verbform ‚sie suchen' (3. Person Plural), die ursprünglich als Wortbildungssuffix *j* und als Themavokal *a* enthält.

(18)

Stammmorphem	Wortb.-Suffix	Themav.	Flexiv (3.P.Pl.)
	= komplexer Stamm		
germ. **sōk*	*j*	*a*	*nð*
got. *sōk*	*j*	*a*	*nd*
ahd. *suoch*		*e*	*nt*
nhd. *such*		*e*	*n*

‚sie suchen'

Im Althochdeutschen bleibt von germ. *ja* (nach Synkope von *j*) nur der Vokal *e*, der auf *a* zurückgeht. Der palatale Approximant bzw. Halbvokal *j* kann als sehr kurzes *i* betrachtet werden, das im Voralthochdeutschen nachfolgendes *a* gehoben und palatalisiert, d.h. nach vorne verschoben, hat. Es handelt sich jedoch nicht um einen (Primär)Umlaut im Sinne der Definition, da ein nachfolgender und unbetonter, nicht ein vorausgehender und betonter Vokal beeinflusst wird (vgl. Kapitel 4.2).

Im Gegensatz zum Präsens wird das Präteritum, wie bei den starken Verben auch, athematisch gebildet, wobei statt der überkurzen Variante *j* die normal kurze Variante *i* des Wortbildungssuffixes Verwendung findet, z.B. got. *sōk-i-dēd-un* ‚sie suchten'. Schon im Voralthochdeutschen ist *i* zudem häufig synkopiert, insbesondere dann, wenn das Stammmorphem einen Diphthong oder langen Vokal enthält, vgl. ahd. s*uoch-t-un*, aber *frum-i-t-un* ‚sie bereiteten'. Auf der Basis des Wortbildungssuffixes, mit dem die Verbstämme gebildet sind, werden die schwachen Verben in den historischen Grammatiken in drei Klassen unterteilt. Die Benennung, nämlich *jan-*, *ōn-* und *ēn*-Verben, erfolgt dabei nach dem, was sich im Germanischen (und teilweise noch im Althochdeutschen) synchron als Infinitivelement darstellt, was sich diachron gesehen jedoch aus Wortbildungssuffix und ggf. Themavokal sowie Infinitivelement *n* zusammensetzt.

(19)   Stammmorphem   Wortb.-   Themav.   Flexiv
                          Suffix   (Inf.)
a.   ***jan*-Verben** (Wortbildungssuffix *j* + Themav. *a* + Inf.-Flexiv *n*)
     germ   *sōk*   *j*   *a*   *n*
     ahd.   *suoch*   *e*   *n*
     nhd.   *such*   *e*   *n*
b.   ***ōn*-Verben** (Wortbildungssuffix *ō* + Flexion *n*)
     germ   *salb*   *ō*   –   *n*
     ahd.   *salb*   *ō*   –   *n*
     nhd.   *salb*   *e*   –   *n*
c.   ***ēn*-Verben** (Wortbildungssuffix *ē* +Flexion *n*)
     germ   *hab*   *ē*   –   *n*
     ahd.   *hab*   *ē*   –   *n*
     nhd.   *hab*   *e*   –   *n*

Im weiteren Verlauf führt die mittelhochdeutsche Nebensilbenabschwächung dazu, dass die ursprünglichen Wortbildungssuffixe einheitlich zu Schwa werden, die drei schwachen Konjugationsklassen also nicht mehr zu unterscheiden sind.

Die schwachen Verben dominieren heute zahlenmäßig und sind zudem seit dem Germanischen die einzige produktive Klasse. D.h. zum einen, dass neue, von anderen Wortarten gebildete Verben, immer schwach sind. Man vgl. den Spontanbeleg *urlauben*, dessen Präteritum und Partizip II z.B. nur *ich urlaubte, ich habe geurlaubt* mit Dentalsuffix lauten kann. Auch aus anderen Sprachen entlehnte Verben können nur schwach konjugieren. So heißt das Präteritum zum Verb *liften* (engl. *to lift*) z.B. *ich liftete* mit Dentalsuffix, nicht *ich laft* mit Vokalwechsel (theoretisch möglich z.B. in Anlehnung an *singen/ich sang*). Zum anderen wechseln manche Verben sukzessive von der starken zur schwachen Konjugation, wobei sich auch gemischte Paradigmen ergeben, wie das ursprünglich starke

Verb *backen* zeigt, dessen starkes Präteritum *ich buk* fast schon vollständig durch die schwache Form *backte* ersetzt ist.

(20) *backen – ich backte* (neu)/*ich buk* (alt)

Da Verben wie *backen* ihre Formen mischen (das Partizip II wird immer noch ohne Dentalsuffix gebildet: *gebacken* /**gebackt*), passen sie nicht ganz in eine der beiden Kategorien der starken und schwachen Verben und werden deshalb zu einer dritten Gruppe von **unregelmäßigen** bzw. **besonderen Verben** gestellt. Diese Gruppe von Verben unterscheidet sich eigentlich nicht prinzipiell von starken bzw. schwachen Verben, zeigt aber eben zusätzlich noch Besonderheiten. Meist handelt es sich dabei (ähnlich *backen*) um historisch entstandene Mischungen von starker und schwacher Konjugation.

Aus gegenwartssprachlicher Sicht wird auch *brennen* zu den unregelmäßigen Verben gestellt, da das Präteritum (z.b. *es brannte*) und das Partizip II (*gebrannt*) im Vergleich zum Präsens (z.b. *es brennt*) sowohl Vokalwechsel (*e > a*) als auch Dentalsuffix aufweisen. Historisch handelt es sich jedoch um ein schwaches *jan*-Verb mit dem Infinitiv germ. **branjan*. Der palatale Approximant bzw. Halbvokal *j*, d.h. das ursprüngliche Wortbildungssuffix, palatalisierte und hob vor seiner Synkopierung im Voralthochdeutschen sowohl den vorausgehenden betonten Vokal *a* zu *e* (Primärumlaut) als auch das nachfolgende unbetonte *a* (historisch der Themavokal) zu *e*, daher ahd. *brennen*. Im Präteritum ahd. *branta* erscheint jedoch *a*, d.h., das *i* war schon synkopiert, bevor es wirksam werden konnte. Für das hier beschriebene Phänomen wird traditionell der auf Jacob Grimm zurückgehende Begriff **Rückumlaut** verwendet. Ursprünglich hatte Grimm nämlich angenommen, das *a* in *brannte* stelle einen Rückumlaut bzw. eine Umlaut-Umkehrung zu den Formen mit *e* dar. Obwohl die Forschung inzwischen gezeigt hat, dass *branta* aufgrund der frühen *i*-Synkopierung nie umlautete, wird der Terminus beibehalten.

Weiter gehören zur Gruppe der unregelmäßigen oder besonderen Verben auch die sog. **Präterito-Präsentien**, d.h. „Präsens durch Präteritum", da deren Präsensformen auf ehemals starken, d.h. ablautenden, Präteritumformen basieren. Deshalb kann sich bei diesen Verben ein Ablaut im Präsens zeigen, z.B. *ich darf, wir dürfen*. Die meisten der Präterito-Präsentien wurden allerdings hins. ihres ursprünglich ablautenden Vokals vereinheitlicht, sie verhalten sich also durchgehend wie schwache Verben und sind nicht mehr als besondere Verben zu erkennen. Nur *wissen* und die Modalverben *dürfen, müssen, können, mögen* zeigen auch heute noch Reste dieser besonderen Bildungsweise. Außerdem ist die 1. und 3.P.Sg. Präteritum der starken Verben im Gegensatz zum Präsens endungslos, vgl. *ich/sie fuhr-Ø* vs. *ich fahr-e/sie fähr-t*. Dementsprechend findet sich im Präsens von Präterito-Präsensentien ebenfalls Endungslosigkeit, z.B. *ich/sie darf-Ø*. Das dazugehörige Präteritum ist schwach gebildet, z.B. *du durftest*.

Ein weiterer Grund für Mischungen von starker und schwacher Konjugation sind **Suppletivbildungen**, d.h. das wechselseitige „Ergänzen" eines Paradigmas durch Stämme formal unterschiedlicher Verben mit ähnlicher Bedeutung. So gab es bis in die Neuzeit nebeneinander Paradigmen von zwei Verben *bringen* und *brengen*, die die gleiche Bedeutung hatten. Das starke Verb mhd. *bringen* bildete sein Präteritum und Partizip II mit Ablaut, mhd. *ich branc* und *brungen*, Formen, die heute noch in einigen süddeutschen Dialekten erhalten sind. Das schwache Verb mhd. *brengen* (aus germ. **brangjan*) bildete sein Präteritum und Partizip II mit Dentalsuffix, mhd. *ich brāht(e)* und *gebrāht*. Durch Vermischung der beiden Paradigmen entstand im Standarddeutschen ein neues suppletives Paradigma mit dem Präsens von *bringen* und dem Präteritum und Partizip II von *brengen*. Einen Suppletivismus-Extremfall stellt im Übrigen das Verb *sein* dar, dessen Paradigma sich aus drei ganz verschiedenen Stammmorphemen zusammensetzt. Dies ist zum einen ide. **(e)s-*, woraus sich *ist, sind, seid* herleitet (vgl. lat. *es-t*), zum zweiten **bh-*, woraus *bin, bist* (vgl. lat. *fuī* usw.) und zum dritten ide. **ues-*, woraus, *war, gewesen* usw. entsteht (vgl. mhd. *wesen* ,sein').

8.3 Ablautreihen

Ebenso wie die schwachen Verben können auch die starken Verben weiter unterteilt werden. Für die Unterteilung ist wesentlich, welche Vokale dabei im Infinitiv, Präteritum und Partizip II vorkommen, vgl. *reiten – ritt – geritten*. Fast alle gegenwartssprachlichen starken Verbstämme lassen sich auf diese Weise in insgesamt 18 Unterklassen bzw. Vokalverbindungen im Sinne von Ablautreihen einteilen (vgl. Duden 2009: 452f.). Demgegenüber werden für das Germanische nur 6 Ablautreihen für starke Verben angesetzt. Im Laufe der Zeit führten v.a. lautliche Veränderungen zu den 18 heutigen Vokalverbindungen.

Die im Deutschen vorliegenden Ablautreihen gehen auf die germanische Zeit zurück, da zwar der Ablaut als Phänomen aus dem Indoeuropäischen ererbt ist, der aber für die Präteritum- und Partizipbildung erst im Germanischen ausgebaut und systematisiert wurde. Im Indoeuropäischen standen für die Tempusbildung v.a. die Mittel der Reduplikation bzw. Reduplikation und Ablaut zur Verfügung. Diese Bildungsweisen lassen sich relikthaft nur noch im Gotischen (Texte aus dem 4. Jh. n.Chr.) und nur noch bei einigen wenigen Verben beobachten. So bildet etwa das Verb *haitan* ‚heißen' sein Präteritum durch Reduplikation. D.h., der erste Konsonant des Stammmorphems wird verdoppelt und mit einem zusätzlichen Vokal *ai* (etwa als /ɛ/ gesprochen) als Präfix vor das Stammmorphem gestellt, z.B. *haihait* ‚ich hieß' zu *haitan* (vgl. auch lat. *pependī* ‚ich hing' zu *pendere* ‚hängen'). Reduplikation und Ablaut zeigt dagegen got. *lai-lōt* ‚ich ließ' zu *lētan* ‚lassen'.

Bevor wir zu den Alautreihen im Detail kommen, noch eine grundsätzliche Bemerkung zum **Ablaut**. Die wahrscheinlich auf wechselnde Akzentverhältnisse zurückgehenden qualitativen Vokalveränderungen (qualitativer Ablaut) betreffen nicht nur, aber vor allem die Vokale ide. *e* und ablautend *o*. Diese lassen sich wiederum drei verschiedenen Quantitätsstufen zuordnen (quantitativer Ablaut): Grund- oder Normalstufe, Dehnstufe und Schwundstufe.

Grundstufe	Dehnstufe	Schwundstufe
$e - o$	$\bar{e} - \bar{o}$	–

Tab. 2: Quantitative Ablautstufen

Prinzipiell kann der Ablaut nicht nur im Stammmorphem, sondern auch im Themavokal und in der Flexion vorkommen. So erklärt sich etwa auch der Vokalwechsel im Themavokal verbaler Flexionsformen, beispielsweise ahd. *bir-u* ‚ich trage' (*u* < idc. Themav. *ō*), aber *bir-i-s(t)* ‚du trägst' (*i* < ide. Themav. *e*).

Die starken bzw. regelmäßig ablautenden Verben werden für das Germanische in sechs Klassen, die sog. Ablautreihen, eingeteilt (die siebte Klasse ist nur nord- und westgermanisch). Eine klare Systematik zeigen dabei die ersten fünf Reihen, die auf das Indoeuropäische zurückgehen. Die Struktur ergibt sich direkt aus der Charakterisierung der Präsensformen der jeweiligen Verben, da immer grundstufiges kurzes *e* vorliegt, jedoch in verschiedenen Kombinationen (Schema in Anlehnung an Kühnel 1978: 71).

I.	$e + i$ (= i-Diphthong)
II.	$e + u$ (= u-Diphthong)
III.	e + Nasal/Liquida + (anderer) Konsonant
IV.	e + Nasal/Liquida
V.	e + (anderer) Konsonant

VI.	Neuer germ. Ablauttypus

VII.	Neuer (nur) nord- und westgerm. Ablauttypus

Tab. 3: Die Ablautreihen im Germanischen

In den Reihen I und II steht e vor einem weiteren Vokal (woraus sich ein Diphthong ergibt), in den Reihen III bis V vor einem (oder mehreren) Konsonanten. Die Klasse VI repräsentiert einen neuen gemeingermanischen Ablauttypus ohne indoeuropäisches Vorbild. Diese 6 Ablautreihen (bzw. ihre Weiterentwicklungen) finden sich in allen germanischen Sprachen wieder. Reihe VII ist dagegen rein nord- und westgermanisch (wobei Deutsch zu letzterer Gruppe gehört) und heißt auch „Klasse der ehemals reduplizierenden Verben". Diese Klasse umfasst damit die wenigen Verben, die noch im Gemeingermanischen im Präteritum Reduplikation bzw. Reduplikation und Ablaut aufweisen. Während also das Gotische als ostgermanische Sprache die Reduplikation (evtl. mit zusätzlichem Ablaut) beibehält und damit nur sechs „reine" Ablautreihen hat, wird bei diesen Verben im Nord- und Westgemeingermanischen (etwa zwischen 200 und 500 n.Chr.) ein neuer Ablauttypus eingeführt, so dass hier sieben Ablautreihen vorzufinden sind. Dabei ist allerdings zu beachten, dass nicht alle ehemals reduplizierenden Verben stark bleiben, manche wie *bauen* oder *drehen* sind schon im Althochdeutschen, zumindest teilweise, in die schwache Klasse übergetreten.

Innerhalb der Ablautreihen orientiert sich die Einteilung an den vier jeweiligen Stammvokalen (oder Vokalverbindungen), wie sie vorkommen im

- Präsens (inkl. Infinitiv und Präsens Konjunktiv),
- Präteritum Singular Indikativ,
- Präteritum Plural Indikativ und Präteritum Konjunktiv
- Partizip II.

Speziell für die ersten fünf Reihen im Germanischen, die auf einer indoeuropäischen Ablautsystematik basieren, lassen sich folgende Regularitäten für die vier Stammbildungen finden (Schema nach Kühnel 1978: 72).

	Präsens	Prät. Sg. Ind.	Prät. Ind. Pl. / Prät. Konj.	Partizip II
I.			Schwundstufe	Schwundstufe
II.	Grundstufe	Abgetönte Grundstufe		
III.				
IV.			Dehnstufe	Grundstufe
V.				

Tab. 4: Die Ablautsystematik der Reihen I bis V im Germanischen

Wenn man die Tabellen (3) und (4) miteinander kombiniert, kommt man zu folgendem Schema (nach Gerdes/Spellerberg 1991: 33 und Kühnel 1978: 71f.).

	Präsens		Prät. Sg. Ind.		Prät. Ind. Pl./ Prät. Konj.		Partizip II	
I.	*ei*		*ai*		*i*	Schwund-stufe: *e > Ø*	*i*	Schwundstu-fe: *e > Ø*
II.	*eu*	Grund-stufe: *e*	*au*	abgel. Grund-stufe: *a*	*u*		*u*	
III.	*e*		*a*		*(u)*		*(u)*	
IV.	*e*		*a*		*ē*	Dehn-stufe: *e > ē*	*(u)*	
V.	*e*		*a*		*ē*		*e*	Grundstufe: *e*

VI.	*a*	*ō*	*ō*	*a*
VII	a) westgerm. *a, ai, ē₁* b) westgerm. *au, ō*	a) westgerm. *ē₂* b) westgerm. *eu*	a) westgerm. *ē₂* b) westgerm. *eu*	a) westgerm. *a, ai, ē₁* b) westgerm. *au, ō*

Tab. 4: Die Ablautsystematik der Reihen I bis VII im Germanischen

Bei den in der Tabelle eingeklammerten und grau unterlegten *u*-Vokalen in den Reihen III und IV handelt es sich um Vokalepenthesen, die immer dort auftreten, wo ein einsilbiges Stammmorphem einen Monophthong (und nicht einen Diphthong) aufweist, so dass die Silbe, bedingt durch die Schwundstufe, keinen Vokal enthält, z.B. **nm*, wenn man das Verb ahd. *nem(an)* ‚nehmen‘ aus der 4. Reihe betrachtet. Um eine solche ungünstige Silbe zu vermeiden, wird im Germanischen ein *u* eingeschoben (auch **Sproßvokal** genannt). Zu Reihe VII ist zu sagen, dass sich Fall a) auf die ehemals reduplizierenden Verben ohne Ablaut bezieht, Fall b) auf die ehemals reduplizierenden Verben mit Ablaut. Die Herkunft von germ. *ē₂* ist ungeklärt, evtl. liegt hier ide. *ēi* zugrunde. Germ. *ē₁* entspricht dagegen ide. *ē* (das im späten West- und Nordgermanischen zu *ā* wird).

Im Folgenden wird eine Übersicht über die germanischen Ablautreihen und ihre Weiterentwicklung im Deutschen gegeben. Dabei zeigt sich zum einen, dass starke Analogiewirkungen auftreten, die dazu führen, dass heute nur noch maximal drei (und nicht vier) verschiedene Vokale innerhalb einer Reihe auftreten. Zum anderen wird auch deutlich, wie es von ursprünglich nur sechs Reihen im Germanischen sogar schon im Althochdeutschen zu insgesamt dreizehn Einzelreihen kommt.

	Präsens (hier: Infinitiv)	Prät. Sg. Ind. (hier: 1.P.)	Prät. Ind. Pl./Prät. Konj. (hier: 1.P.Pl.Ind.)	Part. II
	Germ. ei (> ī) Ahd. ī	Germ. ai	Germ. i Ahd. i	Germ. i Ahd. i
a)		Ahd. ei		
Ahd.	snīdan	sneid	snitum	gisnitan
Mhd.	snīden	sneit	sniten	gesniten
Nhd.	schneiden	schnitt	schnitten	geschnitten
b)		Ahd. ē		
Ahd.	dīhan	dēh	digum	gidigan
Mhd.	dīhen	dêch	digen	gedigen
Nhd.	gedeihen	gedieh	gediehen	gediehen

Tab. 5: I. Klasse/I. Ablautreihe: *ei*-Diphthong

Die Aufsplittung nach a) und b) ergibt sich durch unterschiedliche Entwicklungen in der Lautung des Präteritum Singular im Althochdeutschen. Dabei stellt a) den Normalfall dar, da hier wie erwartet germ. *ai* zu ahd. *ei* wird, und zwar als assimilatorisch bedingte Hebung vor *i* als zweitem Diphthongbestandteil (vgl. Kapitel 4.3, Fall 1.1a). Bei den wenigen Verben in b) folgt auf den ursprünglichen Diphthong jedoch germ. *h, r, w,* so dass germ. *ai* zu ahd. *ē* wird (vor *h, r, w* als gleichzeitige Hebung *a > e* durch nachfolgendes *i* als zweitem Diphthongvokal und Senkung *i > e* durch vorausgehendes *a* als zweitem Diphthongvokal) (vgl. Kapitel 4.3, Fall 1.1b). Das Nebeneinander in a) und b) von nicht durch Auslautverhärtung bedingten stimmlosen und stimmhaften Konsonanten im Inlaut (vgl. *schneiden* vs. *schnitten* etc.) wird von Jacob Grimm als **grammatischer Wechsel** (s. Glossar) bezeichnet und geht ursprünglich auf unterschiedliche Akzentverhältnisse im Indoeuropäischen zurück.

	Präsens (hier: Infinitiv)	Prät. Sg. Ind. (hier: 1.P.)	Prät. Ind. Pl./Prät. Konj. (hier: 1.P.Pl.Ind.)	Part. II
	Germ. eu Ahd. io	Germ. au	Germ. u Ahd. u	Germ. u Ahd. o
a)		Ahd. ou		
Ahd.	liogan (ih liugu)	loug	lugum	gilogan
Mhd.	liegen (ich liuge)	louc	lugen	gelogen
Nhd.	lügen	log	logen	gelogen
b)		Ahd. ō		
Ahd.	ziohan (ziuhu)	zōh	zugum	gizogan
Mhd.	ziehen (ziuhe)	zôch	zugen	gezogen
Nhd.	ziehen	zog	zogen	gezogen

Tab. 6: II. Klasse/II. Ablautreihe: *eu*-Diphthong

Hier findet sich eine Aufsplittung parallel zur I. Klasse mit b) als Sonderfall. In a) wird germ. *au* wie erwartet zu ahd. *ou* als assimilatorisch bedingte Hebung vor *u* als zweitem Diphthongbestandteil (vgl. Kapitel 4.3, Fall 1.2a). Auch hier liegt wieder grammatischer Wechsel im Beispielverb hins. *ch/h* und *g* vor. Bei den wenigen Verben in b) folgt auf den Diphthong jedoch germ. *h* oder Dentale, so dass germ. *au* zu ahd. *ō* wird (vor germ. *h* und Dentalen gleichzeitige Hebung *a* > *o* durch nachfolgendes *u* als zweitem Diphthongvokal und Senkung *u* > *o* durch vorausgehendes *a* als zweitem Diphthongvokal) (vgl. Kapitel 4.3, Fall 1.2b). Außerdem wird in beiden Fällen im Partizip II germ. *u* regelmäßig zu ahd. *o* als assimilatorisch bedingte Senkung durch *a* in der Folgesilbe (vgl. Kapitel 4.3, Fall 1.6). Im Präsens ergibt sich für germ. *eu* im Normalfall erst ahd. *eo* (assimilatorisch bedingte Senkung *u* > *o* durch *a*, *e*, *o* in der Folgesilbe) und aus ahd. *eo* dann weiter ahd. *io* (dissimilatorisch bedingte Hebung *e* > *i*) (vgl. Kapitel 4.3, Fall 1.4b, wobei aus *io* dann weiter noch spätahd. *ie*). Diesem ahd. *io* stehen im Präsens Singular Formen mit *iu* gegenüber, da hier *i* oder *u* in der Folgesilbe stehen, so dass germ. *eu* zu *iu* wird (assimilatorisch bedingte Hebung *e* > *i*) (vgl. Kapitel 4.3, Fall 1.4a).

	Präsens (hier: Infinitiv)	Prät. Sg. Ind. (hier: 1.P.)	Prät. Ind. Pl./Prät. Konj. (hier: 1.P.Pl.Ind.)	Part. II
	Germ. e Ahd. e	Germ. a Ahd. a	Germ. u Ahd. u	Germ. u
a)	Ahd. e			Ahd. o
Ahd.	werfan (ich wirfu)	warf	wurfum	giworfan
Mhd.	wërfen (ich wirfe)	warf	wurfen	geworfen
Nhd.	werfen	warf	warfen	geworfen
b)	Ahd. i			Ahd. u
Ahd.	bintan	bant	buntum	gibuntan
Mhd.	binden	bant	bunden	gebunden
Nhd.	binden	band	banden	gebunden

Tab. 7: III. Klasse/III. Ablautreihe: *e* + Nasal/Liquid-Verbindung

Den „Normalfall" stellt hier wiederum a) dar, da im Partizip II wie erwartet germ. *u* > ahd. *o* wird als assimilatorisch bedingte Senkung durch *a* in der Folgesilbe (s.o. Ablautreihe II; vgl. Kapitel 4.3, Fall 1.6). Außerdem wird im Präsens Singular germ. *e* > ahd. *i* gehoben wegen *i* oder *u* in der Folgesilbe (s.o. Ablautreihe II; vgl. Kapitel 4.3, Fall 1.3). Davon weicht b) ab, da germ. *e* durch die folgende Nasalverbindung im gesamten Präsens zu ahd. *i* gehoben ist (vgl. Kapitel 4.3, Fall 1.3).

	Präsens (hier: Infinitiv)	Prät. Sg. Ind. (hier: 1.P.)	Prät. Ind. Pl./Prät. Konj. (hier: 1.P.Pl.Ind.)	Part. II
	Germ. e Ahd. e	Germ. a Ahd. a	Germ. ē₁ Ahd. ā	Germ. u Ahd. o
Ahd.	neman (ih nimu)	nam	nāmum	ginoman
Mhd.	nëmen (ich nime)	nam	nâmen	genomen
Nhd.	nehmen	nahm	nahmen	genommen

Tab. 8: IV. Klasse/IV. Ablautreihe: *e* + Nasal/Liquid

Hier finden wir keine Aufsplittung, da im Gegensatz zur Ablautreihe III nur einfacher Nasal und Liquid und keine Nasalverbindung vorliegt, die ja in III die unterschiedliche Lautentwicklung bewirkt hat. Wie erwartet wird auch hier im Präsens Singular germ. *e* zu ahd. *i* gehoben, weil *u* oder *i* nachfolgt (s.o.; vgl. Kapitel 4.3, Fall 1.3). Ebenfalls wie erwartet wird germ. *u* im Partizip II durch *a* in der Folgesilbe zu ahd. *o* gesenkt (s.o.; vgl. Kapitel 5.3, Fall 1.6). Ansonsten wird germ. $\bar{e}_1$ in allen Fällen zu ahd. $\bar{a}$ (s.o.).

	Präsens (hier: Infinitiv)	Prät. Sg. Ind. (hier: 1.P.)	Prät. Ind. Pl./Prät. Konj. (hier: 1.P.Pl.Ind.)	Part. II
	Germ. e	Germ. a Ahd. a	Germ. $\bar{e}_1$ Ahd. $\bar{a}$	Germ. e Ahd. e
a)	Ahd. e			
Ahd.	geban (ih gibu)	gab	gābum	gigeban
Mhd.	gëben (ich gibe)	gap	gâben	gegëben
Nhd.	geben	gab	gaben	gegeben
b)	Ahd. i			
Ahd.	sizzen	saȝ	sāȝum	giseȝȝan
Mhd.	sitzen	saȝ	sâȝen	gesëȝȝen
Nhd.	sitzen	saß	saßen	gesessen

Tab. 9: V. Klasse/V. Ablautreihe: *e* + (anderer) Konsonant

Germ. $\bar{e}_1$ wird in allen Fällen zu ahd. $\bar{a}$ (s.o.). In a), dem Normalfall, wird wie erwartet im Präsens Singular germ. *e* zu ahd. *i* gehoben, weil *u* oder *i* nachfolgt (s.o.; vgl. Kapitel 5.3, Fall 1.3). Die Ausnahme stellen die wenigen Verben in b) dar, wo die Hebung germ. *e* > ahd. *i* nicht nur im Singular, sondern im gesamten Präsens zeigt. Es handelt sich dabei um die *j*-Präsentien. Das sind starke Verben, die für die Präsens-Bildung noch im Germanischen durchgängig ein aus dem Indoeuropäischen ererbtes *j*-Suffix verwenden, das nach dem Stammmorphem und vor dem Themavokal eingeschaltet ist. Der heutigen Verbform *sitzen* entspricht daher der Verbstamm germ. **setj-*. Da im Westgermanischen in dieser Position *t* zudem noch geminiert bzw. verdoppelt wird, ergibt sich also westgerm. **settj-*. Vom (West)Germanischen zum Althochdeutschen wird dann durch die Zweite Lautverschiebung /tt/ zur Affrikate /t͡s/ lenisiert (vgl. Kapitel 5.1; nicht so im Präteritum, wo kein *j* und damit einfaches *t* vorliegt, das zum Frikativ *s* verschoben wird). Zusätzlich wird germ. *e* durch *j* (als überkurzes *i*) in der Folgesilbe zu ahd. *i* gehoben (s.o.; vgl. Kapitel 5.3, Fall 1.3). Daraus ergibt sich ahd. *sizz-*. Folgt wie z.B. im Infinitiv ein *a*-haltiges Element (germ. **setjan*), hebt dasselbe *j* nachfolgendes germ. *a* zu ahd. *e*. Es handelt sich jedoch nicht um einen (Primär)Umlaut, da ein nachfolgender unbetonter, nicht ein vorausgehender betonter Vokal beeinflusst wird (vgl. Kapitel 4.2). Besagtes *j* wird im Voralthochdeutschen synkopiert, so dass sich nur noch die Assimilations-Auswirkungen zeigen. Aufgrund der hebenden Wirkung von *j* lautet z.B. der Infinitiv der Verben der Klasse Vb schon im Althochdeutschen auf *en* (im Gegensatz zum „normalen" *an*) und nicht erst im Mittelhochdeutschen, wo *en* auch in den anderen Klassen durch die Nebensilbenabschwächung entsteht. Man vgl. dazu auch Kapitel 8.2 zu den schwachen *jan*-Verben, wo sich dasselbe Phänomen zeigt.

	Präsens (hier: Infinitiv)	Prät. Sg. Ind. (hier: 1.P.)	Prät. Ind. Pl./Prät. Konj. (hier: 1.P.Pl.Ind.)	Part. II
	Germ. a	Germ. ō Ahd. uo	Germ. ō Ahd. uo	Germ. a Ahd. a
a)	Ahd. a			
Ahd.	slahan	sluog	sluogum	gislagan
Mhd.	slahen	sluoc	sluogen	geslagen
Nhd.	schlagen	schlug	schlugen	geschlagen
b)	Ahd. e			
Ahd.	heffen	huob	huobum	(ir)haban
Mhd.	heben	huop	huoben	(er)haben
Nhd.	heben	hob	hoben	gehoben

Tab. 10: VI. Klasse/VI. Ablautreihe: Neue germanische Ablautreihe

Hier passiert Ähnliches wie bei der Aufsplittung in der V. Reihe. In a), dem Normalfall, zeigt germ. *ō* zu ahd. *uo* eine durch Dissimilation entstandene Dihthongierung (vgl. Kapitel 5.3, Fall 2.2). Bei den sehr wenigen Verben in b) handelt es sich wieder um *j*-Präsentien. Deshalb erfolgt z.B. bei germ. **hafjan* eine Hebung von germ. *a* zu ahd. *e* im Präsens durch nachfolgendes *j* (hier handelt es sich um den Primärumlaut, vgl. Kapitel 5.2), ebenso hebt *j* ein nachfolgendes *a* zu *e*. Nach Synkope des *j* im Vorahd. bleiben nur die Assimilations-Erscheinungen. Von *heffen/heben* ist kein Partizip II bezeugt, nur von dem mit *ir-/er*-präfigierten Verb, wobei die Form *erhaben* heute noch als Adjektiv existiert. Auch hier liegt sowohl in a) als auch in b) wieder grammatischer Wechsel vor, vgl. ahd. *slahen* vs. *sluogen* oder ahd. *heffen* vs. *huobum*.

	Präsens (hier: Infinitiv)	Prät. Sg. Ind. (hier: 1.P.)	Prät. Ind. Pl./Prät. Konj. (hier: 1.P,Pl Ind.)	Part. II
	Westgerm. a) a, ai, ē₁ b) au, ō	Westgerm. a) ē₂ b) eu	Westgerm. a) ē₂ b) eu	Westgerm. a) a, ai, ē₁ b) au, o
a)	Ahd. a, ei/ē, ā (hier: ei)	Ahd. ia (>ie)	Ahd. ia (>ie)	Ahd. a, ei/ē, ā (hier: ei)
Ahd.	heizan	hiaz	hiazum	giheizan
Mhd.	heizen	hiez	hiezen	geheizen
Nhd.	heißen	hieß	hießen	geheißen
b)	Ahd. ou/ō, uo (hier: ou)	Ahd. io	Ahd. io	Ahd. ou/ō, uo (hier: ou)
Ahd.	loufan	liof	liofum	giloufan
Mhd.	loufen	lief	liefen	geloufen
Nhd.	laufen	lief	liefen	gelaufen

Tab. 11: VII. Klasse/VII. Ablautreihe: Neue (nur) nord- und westgermanische Ablautreihe

Dies sind neue westgermanische Ablautverhältnisse für ehemals reduplizierende Verben, wobei a) für ursprünglich nur reduplizierende und b) für ursprünglich reduplizierende und gleichzeitig ablautende Verben steht. Beide Untergruppen zeigen unterschiedliche Ausgangsvokale im Präsens, so dass sich innerhalb der Unterklassen a) weitere drei und innerhalb der (sehr kleinen) Unterklasse b) weitere zwei Unterteilungen finden. Zu den Veränderungen innerhalb von a) vgl. man die Ablautreihen I.a und b (germ. *ai* zu ahd. *ei* und *ē*) sowie IV und V (germ. $\bar{e}_1$ zu ahd. *ā*), außerdem Kapitel 4.3, Fall 2.1 (germ. $\bar{e}_2$ zu ahd. *ie*). Zu den Veränderungen innerhalb von b) vgl. man die Ablautreihen II.a und b (germ. *au* zu ahd. *ou* und *ō*) bzw. II gesamt (germ. *eu* zu ahd. *io*) sowie Ablautreihe VI (germ. *ō* zu ahd. *uo*).

8.4 Zusammenfassung

- Im Germanischen wurden die grammatischen Formen im Vergleich zum Indoeuropäischen reduziert.
- Im Bereich Tempus erfolgte ein Ausbau, wobei die synthetisch gebildeten Tempora Präsens und Präteritum ererbt sind, alle anderen Tempora stellen analytische Neubildungen dar.
- Die Hauptkonjugationsklassen sind starke Verben, die ihr Präteritum mithilfe eines Ablauts bilden, und schwache Verben, die dafür ein *t*-Dentalsuffix nutzen.
- Die starken Verben sind ursprünglich primäre, d.h. nicht-abgeleitete Verben, deren Präteritumbildung auf die indoeuropäische Perfektbildung zurückgeht, wobei hier neben dem Ablaut insbesondere die Reduplikation eine große Rolle spielte.
- Im Germanischen ging die Reduplikation weitgehend verloren, statt dessen wurde der Ablaut für die Präteritumbildung systematisiert und ausgebaut, was sich in sechs Hauptablautreihen wiederspiegelt.
- Die schwachen Verben sind ursprünglich sekundäre, d.h. abgeleitete Verben, die im Germanischen eine neue Präteritumbildung mithilfe des *t*-Dentalsuffixes entwickelten.

Grundbegriffe: Dual, Aorist, Mediopassiv, Medium, Passiv, Optativ, analytische/synthetische Bildungen; Themavokal/stammbildendes Element, thematische/athematische Bildungen, Wurzelverben; Aktionsart, Reduplikation, Infix; starke Verben, schwache Verben, Dentalsuffix, Grammatikalisierung, unregelmäßige/besondere Verben, Rückumlaut, Präterito-Präsentien, Suppletivismus; Konjugationsklassen, Ablautreihen, Ablaut, Grundstufe, Dehnstufe, Schwundstufe, ehemals reduplizierende Verben, Sproßvokal.

Aufgabe 1: Wie kommt es beim Verb mhd. *brengen* zum Partizip II *gebräht*? Überprüfen Sie dabei, was es mit dem sog. Primärberührungseffekt auf sich hat.

Aufgabe 2: Betrachten Sie in den Tabellen mit den Ablautreihen oben im Text die Beispielverben und versuchen Sie, jede Veränderung vom Alt- zum Mittelhochdeutschen sowie weiter zum Neuhochdeutschen nachzuvollziehen und zu benennen.

Aufgabe 3: Versuchen Sie herauszufinden, welches Phänomen sich im Nebeneinander von *r* und *s* zeigt wie z.B. in dt. *war* und *gewesen* oder engl. *was* und *were*.

Aufgabe 4: Überlegen Sie, ob, von dem Infinitiv *schwimmen* ausgehend, *ich schwämme* oder *ich schwömme* die ältere Konjunktivform ist? Wie begründen Sie Ihre Entscheidung?

Weiterführende Literatur: Zur Morphologie im Indoeuropäischen: Meier-Brügger (2010), Tichy (2009); Zur Formenentwicklung vom Indoeuropäischen zum Althochdeutschen: Krahe (1985), Krahe/Meid (1969); Zur Morphologie im Gotischen: Braune (2004); Zur Morphologie im Althochdeutschen: Sonderegger (2000); Zur Morphologie im Mittelhochdeutschen: Grosse (2000); Zur Morphologie im Frühneuhochdeutschen: Wegera/Solms (2000); Zu Präteritopräsentia: Birkmann (1987); Zu reduplizierenden Verben im Germanischen: van Coetsem (1990); Zur Grammatikalisierung: Szczepaniak (2011). Zur Morphologie in der deutschen Sprachgeschichte allgemein vgl. außerdem den Abschnitt „Grammatiken, Handbücher und Einführungen zur deutschen Sprachgeschichte" im Literaturverzeichnis.

9 Formenwandel: Substantive und Adjektive

9.1 Grammatische Kategorien

Substantive und Adjektive flektieren bzw. deklinieren im Standarddeutschen nach den beiden grammatischen Kategorien

- Numerus (Singular, Plural),
- Kasus (Nominativ, Genitiv, Dativ, Akkusativ).

Außerdem weist jedes Substantiv ein unveränderliches Genus auf (Maskulinum, Neutrum, Femininum). Bei Adjektiven ist Genus dagegen variabel, außerdem flektieren sie zusätzlich noch nach der grammatischen Kategorie Komparation (Positiv, Komparativ, Superlativ).

Gegenüber dem indoeuropäischen System hat bereits das Germanische im Bereich der Numerus- und Kasusmorphologie eine Reduktion erfahren, indem Formen verschwunden oder zusammengefallen und die Bedeutungen dadurch auf andere Formen übergegangen sind (Synkretismus). Kasus und Numerus sind außerdem grundsätzlich in einem einzigen Flexiv verknüpft (wie beim Verb Person und Numerus). Ob für das Indoeuropäische wirklich schon Genus anzusetzen ist, ist umstritten, vgl. dazu Kapitel 10.2.

	Indoeuropäisch	Germanisch
Numerus	Singular (1)	Singular (1)
	Dual (2)	–
	Plural (> 2)	Plural (> 1)
Kasus	Nominativ (Subjekt)	Nominativ (Subjekt und Anrede)
	Akkusativ (direktes Objekts)	Akkusativ (direktes Objekt)
	Genitiv (Zugehörigkeit)	Genitiv (Zugehörigkeit und Ausgangspunkt)
	Dativ (indirekte Objekt)	(sog.) Dativ (indirektes Objekt, Ausgangspunkt, Mittel, Lage)
	Instrumental (Mittel)	–
	Ablativ (Ausgangspunkt)	–
	Lokativ (Lage)	–
	Vokativ (Anrede)	–

Tab. 1: Die Nominalkategorien vom Indoeuropäischen zum Germanischen

Den drei Numeri im Indoeuropäischen stehen im Germanischen nur noch zwei gegenüber, da der Dual, der Numerus für die „Zweiheit", weggefallen ist. Seine Funktion wird von der Pluralform mit übernommen, die dadurch die neue Bedeutung ‚>1' statt der alten Bedeutung ‚>2' erhält.

Den acht Kasus (im Plural ['ka:zu:s] gesprochen) im Indoeuropäischen stehen im Germanischen vier gegenüber, nämlich Nominativ, Genitiv, Dativ und Akkusativ. Eine 1:1-Übereinstimmung findet sich nur beim Akkusativ, alle anderen Kasus sind Mischkasus. Die alte Nominativform übernimmt zusätzlich die Funktion des Vokativs und die alte Genitivform die Funktion des Ablativs. Teilweise wurde aber die Ablativfunktion zusätzlich zur Lokativ- und Instrumentalfunktion auch vom sog. Dativ mit übernommen, dessen Formparadigma sich jedoch nicht nur aus Dativ-, sondern zusätzlich auch aus Lokativ- und Instrumentalformen zusammensetzt.

Stellenweise sind in den Einzelsprachen noch relikthaft Vokativ und Instrumental erhalten. So gibt es etwa im Gotischen manchmal noch einen vom Nominativ Singular abweichenden Vokativ, vgl. nominativisches *dags* ‚Tag' gegenüber vokativischem *dag* ‚Tag!'. Auf den älteren Sprachstufen der westgermanischen Sprachen (d.h. Althochdeutsch, Altsächsisch, Altenglisch) hat sich oft noch ein eigener Instrumental erhalten, vgl. ahd. *tagu* ‚mit dem Tag' gegenüber nominativischem *tag*.

Ebenso wie Verben bestehen auch Substantive und Adjektive in historischer Perspektive meist mindestens aus den drei Teilen Stammmorphem, Themavokal bzw. stammbildendes Element und Flexiv. Daneben gab es allerdings auch hier rein athematische Bildungen, sog. **Wurzelnomina**.

Nachfolgend wird ide. ‚Wolf' im Singular in den im Deutschen noch erhaltenen vier Kasus dargestellt, wobei der Themavokal ide. *e* bzw. qualitativ ablautend *o* lautet. Aufgrund der Regelmäßigkeit des Wechsels ist der Themavokal aus synchron-indoeuropäischer Sicht zum Stamm und nicht zum Flexiv zu stellen. (Das Zeichen u steht in der historischen Sprachwissenschaft für ein kurzes *u* bzw. den Halbvokal oder Approximanten [ʋ], l für ein silbisches *l*, d.h. ein *l*, das in Ermangelung eines Vokals den Silbenkern darstellt.)

(1)

Ide.	Stammmorphem	Themav.	Kasus-Numerus-Flexiv
	= komplexer Stamm		
Nom.Sg.	*ulq^u	*o*	*s*
Akk.Sg.	*ulq^u	*o*	*m*
Gen.Sg.	*ulq^u	*e/o*	*so*
Dat.Sg.	*ulq^u	*o*	*ei*

Prinzipiell lässt sich in der Weiterentwicklung Ähnliches beobachten wie für germanische Verben. Die Veränderungen im Lautbereich führen dazu, dass die historische Dreiteilung in Stammmorphem, Themavokal und Flexion nicht mehr möglich ist. Aus gotischer bzw. althochdeutscher Sicht gibt es nur ein Stammmorphem und evtl. ein Flexiv, zu dem dann auch der u.U. noch vorhandene historische Themavokal zählt, wie das Genitiv-Singular-Element *is* von got. *wulfis*, wobei das *i* auf den Themavokal ide. *e* zurückgeht.

(2)

		Stammmorphem	Kasus-Numerus-Flexiv
Got.	Nom.Sg.	*wulf*	*s*
	Akk.Sg.	*wulf*	–
	Gen.Sg.	*wulf*	*is*
	Dat.Sg.	*wulf*	*a*
Ahd.	Nom.Sg.	*wolf*	–
	Akk.Sg.	*wolf*	–
	Gen.Sg.	*wolf*	*es*
	Dat.Sg.	*wolf*	*e*

Im Gegensatz zum Verb fällt dabei im Deutschen im Nominativ Singular jedoch alles rechts von dem ursprünglichen Stammmorphem weg (Elision), weshalb der Nominativ Singular als Grundform fungieren kann und auf dieser Basis alles, was von der historischen Kombination Themavokal + Flexiv bleibt, im Singular automatisch als Flexiv interpretiert wird.

Im Plural führt die Entwicklung allerdings dazu, dass ab dem Mittelhochdeutschen im Dativ sogar Numerus- und Kasusmorpheme getrennt werden können. Für das Althochdeutsche macht das noch keinen Sinn, wie die nachfolgende Tabelle zeigt.

(3)

	Ahd.	Stammmorphem	Kasus-Numerus-Flexiv
Nom./Akk.Pl.		*wolf*	*a*
Gen.Pl.		*wolf*	*o*
Dat.Pl.		*wolf*	*um*

Ab dem Mittelhochdeutschen kann man jedoch aufgrund der endungslosen Grundform im Nominativ Singular und dem im Plural durchgehenden Schwa *e* (Nebensilbenabschwächung) im Dativ Plural ein *e* nur für den Plural und ein *n* nur für den Dativ annehmen.

(4)

	Mhd.	Stammmorphem	Kasus-Numerus-Flexiv
Nom./Akk.Sg.		*wolf*	
Gen.Sg.		*wolv*	*es*
Dat.Sg.		*wolv*	*e*

(5)

	Mhd.	Stammm.	Numerus-Flexiv	Kasus-Flexiv
Nom./Akk.Pl.		*wolv*	*e*	
Gen.Pl.		*wolv*	*e*	
Dat.Pl.		**wolv**	*e*	*n*

Auf jeden Fall wird der historische Themavokal im Deutschen, da nicht mehr durchgängig vorhanden, interpretativ in die Flexion gezogen und nicht mehr zum Stamm gerechnet.

9.2 Deklinationsklassen beim Substantiv

Ebenso wie Verben werden auch Substantive und Adjektive im Hinblick auf Unterschiede in ihrer Flexion in verschiedene Gruppen, sog. **Deklinationsklassen**, eingeteilt.

In historischer Hinsicht werden starke bzw. vokalische und schwache bzw. konsonantische Deklinationsklassen unterschieden. Die Benennung bezieht sich auf die Beschaffenheit des stammbildenden Elements, je nachdem, ob es auf einen Vokal (vokalische oder **starke Deklination**) oder einen Konsonanten (konsonantische oder **schwache Deklination**) endet. Im Falle der starken Deklination liegt meist nur ein einziger Themavokal vor, im Falle der schwachen Deklination mindestens eine Themavokal-Konsonant-Verbindung. Der Konsonant wirkt damit wie eine zusätzliche „Stütze" des Vokals, daher die Bezeichnung „schwach". Dabei konnte, parallel zu den Verben, sowohl der Thema- als auch der Stammvokal ablauten.

Nachfolgend betrachten wir die Nominativ Singular-Form von ‚Wolf' in verschiedenen indoeuropäischen Sprachen. Da der Themavokal im Nominativ Singular ide. *o* lautet, handelt es sich bei ‚Wolf' in historischer Hinsicht um ein Substantiv der vokalischen oder starken *o*-Deklination.

(6) Nom.Sg	Stammmorphem	Themav.	Kasus-Numerus-Flexiv
	= (komplexer) Stamm		
Ide.	* u̯lq̑ᵘ	*o*	*s*
Griech.	*lúk*	*o*	*s*
Lat.	*lup*	*u*	*s*
Got.	*wulf*	–	*s*
Ahd.	*wolf*	–	–

Die Bezeichnung *o*-Deklination (oder *a*-Deklination für das Germanische) in den Grammatiken ist damit rein historisch bedingt, da das ide. *o* in lat. *lupus* zu *u* geworden ist, im Gotischen und Althochdeutschen ist der Themavokal ganz geschwunden. Zudem wird für die Benennung (nach den indoeuropäischen Verhältnissen) die (qualitativ ablautende) Themavariante *o* des Nominativ Singular gewählt, obwohl in anderen Flexionsformen prinzipiell auch die Grundstufe *e* sowie die Dehnstufe (also *ē* und *ō*) oder die Schwundstufe (also nichts) möglich waren. So geht die gotische Genitiv-Singular-Form *wulf-i-s* auf ide. *u̯lq̑ᵘ-e-so* zurück, wobei ide. *e* zu got. *i* geworden ist (s.o.).

Für das Germanische sind insgesamt die folgenden vier historischen vokalischen bzw. starken Deklinationsklassen relevant, wobei sich die Benennung meist an der germanischen Lautung orientiert. *a*- und *ō*-Deklination kommen außerdem entweder in reiner oder in um einen Halbvokal *j* oder *w* erweiterter Form vor (der Themavokal ist in den Beispielen unterstrichen).

- (*j/w*)*a*-Deklination (vgl. got. Akk.Pl. *dag-a-ns* ‚(die) Tage')
- (*j/w*)*ō*-Deklination (vgl. got. Gen.Sg. *gib-ō-s* ‚(der) Gabe'),
- *i*-Deklination (vgl. got. Gen.Sg. *gast-i-s* ‚(des) Gastes'),
- *u*-Deklination (vgl. got. Nom.Sg. *sun-u-s* ‚(der) Sohn').

Daneben sind für das Germanische die folgenden drei historischen konsonantischen bzw. schwachen Deklinationsklassen relevant. Die Benennung erfolgt dabei nach dem Konsonanten, auf den das stammbildende Element endet (das gesamte stammbildende Element ist in den Beispielen unterstrichen).

- *r*-Deklination (vgl. got. Nom.Sg. *fa-dar-Ø* ,(der) Vater'),
- *s*-Deklination (vgl. ahd. Nom.Pl. *lemb-ir-Ø* ,(die) Lämmer'; Lenisierung von germ. *s* > westgerm. *r* = **Rhotazismus**),
- *n*-Deklination (vgl. got. Gen.Sg. *han-in-s* ,(des) Hahnes').

Die Klasse der historisch *r*-deklinierenden Substantive ist sehr klein, aber stabil und weist eine gemeinsame Semantik „Verwandtschaftsbezeichnungen" auf, was sogar heute noch in *Mutter*, *Schwester*, *Bruder*, *Tochter* sichtbar ist. Auch die Klasse der historisch *s*-deklinierenden Substantive ist ursprünglich relativ klein, vergrößert sich aber nach der Uminterpretation des germanischen *s*- bzw. *r*-haltigen stammbildenden Elements als Pluralelement (vgl. *Lämmer*), indem das Plural-Element auch auf Substantive übertragen wird, die ursprünglich anderen Deklinationen angehörten. Die größte Klasse stellt die der *n*-deklinierenden Substantive dar. Sie zeichnen sich dadurch aus, dass das *n*-haltige Element auf den älteren Stufen der germanischen Einzelsprachen im Prinzip noch überall außer im Nominativ Singular vorhanden ist, vgl. dazu ahd. *hano* ,Hahn'.

(7)	Ahd.	Stammmorphem	Kasus-Numerus-Flexiv
Nom.Sg.	*han*	*o*
Akk.Sg.	*han*	*o/un*
Gen.Sg.	*han*	*e/in*
Dat.Sg.	*han*	*e/in*
Nom.Pl.	*han*	*o/un*
Akk.Pl.	*han*	*o/un*
Gen.Pl.	*han*	*ōno*
Dat.Pl.	*han*	*ōm* (< germ. **on-miz*)

Inzwischen haben viele schwache Substantive, wie auch *Hahn*, ihr *n*-haltiges Element verloren und sind damit in die starke Deklination gewechselt, vgl. nhd. z.B. Nom.Sg. *Hahn*, Gen.Sg. *Hahns*, Nom./Akk./Gen. *Hähne*.

Die Einteilung in Deklinationsklassen nach dem jeweiligen Flexivsatz findet sich auch noch in Grammatiken des Gegenwartsdeutschen. Dabei ist meist wesentlich, inwieweit ein *n*-Flexiv (das frühere schwache *n*-stammbildende Element, das dann uminterpretiert wurde) irgendwo als Pluralmorphem bzw. als singularisches obliques Kasusmorphem (obliquer Kasus = Nicht-Nominativ) vorhanden ist oder nicht. Danach kann man [+schwach] (*n*-Flexiv sowohl (irgendwo) im Singular als auch (irgendwo) im Plural vorhanden) und [-schwach] (nicht sowohl (irgendwo) im Singular als auch (irgendwo) im Plural vorhanden) unterscheiden.

(8) [+schwach] schwach Beispiele (nur Maskulina)
                 Pl. +*n*   Nom.Pl. *(die) Zeuge-n*, Gen.Sg. *(des) Zeuge-n*
                 Sg. +*n*   Nom.Pl. *(die) Graf-en*, Gen.Sg. *(des) Graf-en*

     [-schwach] gemischt Beispiele (alle Genera)
                 Pl. +*n*   Nom.Pl. *(die) Staat-en*, Gen.Sg. *(des) Staat-es*
                 Sg. –*n*   Nom.Pl. *(die) Feder-n*, Gen.Sg. *(der) Feder*
                            Nom.Pl. *(die) Ohr-en*, Gen.Sg. *(des) Ohr-es*

                 stark   Beispiele (alle Genera)
                 Pl. -*n*   Nom.Pl. *(die) Tag-e*, Gen.Sg. *(des) Tag-es*
                 Sg. –*n*   Nom.Pl. *(die) Töchter*, Gen.Sg. *(der) Tochter*
                            Nom.Pl. *(die) Räd-er*, Gen.Sg. *(des) Rad-es*

Die Klasse der Substantive, die in dieser gegenwartssprachlichen Aufstellung als schwach gelten, ist sehr klein und enthält nur noch Maskulina. Dafür ist die Klasse der starken Substantive sehr groß, außerdem ist durch Vermischung von schwachem Plural und starkem Singular eine eigene gemischte Klasse entstanden. Ein heutiges schwaches Substantiv war auch historisch schwach, ein heutiges starkes oder gemischtes Substantiv kann stark oder schwach gewesen sein. Ein historisch schwaches Substantiv kann durch Formenausgleich stark werden, indem das *n*-Element auch in den Nominativ Singular dringt, wie bei nhd. *Balken*, das als mhd. *balke* auftaucht. Damit lautet der Stamm aber nicht mehr *Balke*, sondern durchgehend *Balken*, d.h., das frühere Flexiv ist zum Stammbestandteil geworden. Da in keiner Form mehr ein *n*-Flexiv hinzukommt, gilt das Substantiv damit automatisch als stark. Ein gemischtes Substantiv entsteht aus einem schwachen Substantiv dann, wenn das *n*-Element im gesamten Singular wegfällt und nur noch im Plural besteht wie etwa bei dem Substantiv *Kirche*, dessen oblique Kasus im Singular noch mhd. *kirchen*, heute jedoch *Kirche* lauten. Man spricht hier von **Numerusprofilierung**, weil Singular und Plural von der Form her klar geschieden werden.

Abschließend noch eine Bemerkung zur grammatischen Kategorie Genus beim Substantiv. Unklar ist, ob und wie Genus im Indoeuropäischen anzusetzen ist; im Prinzip leisten die Deklinationsklassen schon eine Einteilung in Genera, d.h. in Substantiv-„Arten“. In einigen indoeuropäischen Einzelsprachen sind es auch genau diese alten Deklinationsklassen bzw. deren Weiterentwicklung, die einer Einteilung der Substantive in heutige Genera dienen. Besonders gut sichtbar ist das in romanischen oder slawischen Sprachen. Ein italienisches Substantiv auf das Flexiv *o* wie *amico* ‚Freund‘ wird als Maskulinum bezeichnet, wobei das *o* auf den indoeuropäischen *o*-Themavokal der *o*-Deklination zurückgeht. *amica* ‚Freundin‘ gilt als Femininum, wobei die *a*-Endung von dem indoeuropäischen *ā*-Themavokal der *ā*-Deklination herrührt. Im Russischen werden die meisten Substantive auf *o* dagegen als Neutra eingestuft (*oblako* ‚Wolke‘), solche auf *a* als Feminina (*poezdka* ‚Reise‘), solche ohne vokalische Endung als Maskulina (*stol* ‚Tisch‘). Letztlich ausschlaggebend ist jedoch die syntaktische Kombination etwa mit Artikeln oder Adjektiven. So endet das russische Substantiv *imja* ‚Name‘ (historisch *n*-deklinierend, vgl. den Gen.Sg. *imjeni*) zwar auf *a*, kombiniert wird es jedoch mit einem Adjektiv im Neutrum, z.B. *krasivoe imja* ‚schöner Name‘ und nicht **krasivaja imja*. Die Genusunterteilung ist damit nicht direkt an die Flexive des Substantivs gebunden, sondern wird erst in der Kombination mit Artikeln oder Adjektiven sichtbar. So gehören *Staat* und *Ohr* beide zur gemischten Deklination und flektieren genau gleich (s.o.). Dennoch wird *Staat* im Nominativ Singular mit dem definiten Artikel *der* kombiniert und gilt als Maskulinum, während *Ohr* mit *das* steht und als Neutrum gilt. Umgekehrt gehört *Zeuge* im Neuhochdeutschen zur schwachen und *Tag* zur starken Deklination, beide werden jedoch im Nominativ Singular mit dem definiten Artikel *der* kombiniert und sind daher Maskulina.

9.3 Deklinationsklassen beim Adjektiv

Substantiv- und Adjektivdeklinationen sind im Prinzip gleich aufgebaut, mit dem Unterschied, dass beim Adjektiv zwischen stammbildendem Element und Flexiv noch Suffixe für den Komparativ (germ. *is* > westgerm. *ir*) oder den Superlativ (germ. *ist*) treten können. Die Deklinationsklassen sind damit im Prinzip dieselben wie beim Substantiv, d.h., jedes Adjektivstammmorphem gehört ursprünglich genau zu einer Deklination, mit einem starken vokalischen oder einem schwachen konsonantischen stammbildenden Element. Dadurch gehören ein Substantiv und das dazugehörige Adjektiv je nach deren angestammter Deklinationsklasse entweder derselben oder zwei verschiedenen Deklinationsklassen an, man vgl. etwa das folgende lateinische Beispiel:

(9)   Identische Deklinationsklassen (hier ide. *o*-Dekl.)
      Substantiv   Adjektiv
      Marc-u-s   *beat-u-s*
      ,glücklicher Marcus' (Nom. Sg.)

(10) Nicht-identische Deklinationsklassen
      Substantiv (hier ide. *n*-Dekl.)   Adjektiv (hier ide. *i*-Dekl.)
      hom-in-is   *felic-i-s*
      ,glücklichen Menschen' (Gen. Sg.)

Eine weitere Unterteilung in Genera scheint nicht der ursprüngliche Zustand zu sein. Während die meisten Adjektive nur einer Deklinationsklasse angehören, können Adjektive der *o*-Deklination regelmäßig auch wie Adjektive der *ā*-Deklination flektieren und umgekehrt. Bedingt ist das ursprünglich evtl. durch die parallele Zuordnung von Substantiven der *o*- und *ā*-Deklination mit männlichem und weiblichem Sexus (natürliches Geschlecht), vgl. lat. *servus* ,Sklave' vs. *serva* ,Sklavin', was auch auf Adjektive übertragen wurde. In der Folge haben alle Adjektive, die ursprünglich zur *o*- oder *ā*-Deklination gehörten, immer drei Endungssätze, vgl. lat. *beatus*, *beata*, *beatum* ,glücklich, reich' im Nominativ Singular Maskulinum, Femininum und Neutrum (vgl. lat. *ne-utrum* ,keines von beiden'). Diese Adjektive stimmen mit ihren Substantiven nicht nur bzgl. Kasus und Numerus überein, sondern auch hins. ihres Genus. Man spricht bei der Übereinstimmung von grammatischen Kategorien von **Kongruenz**.

Das Germanische hat die adjektivischen Deklinationsklassen um- und ausgebaut. Unabhängig davon, welcher Deklinationsklasse ein Adjektiv ursprünglich angehörte, flektiert nun jedes Adjektiv sowohl schwach (konsonantisch) als auch stark (vokalisch). Unter Reduktion der ursprünglichen Deklinationsklassen werden dafür zum einen die konsonantische *n*-Deklination und und zum anderen die vokalischen (miteinander kombinierten) *o*- und *ā*-Deklinationen genutzt. Adjektive anderer Klassen sind in diese übergetreten, wodurch vor allem die schwache *n*-Deklination stark ausgebaut wurde.

Über die beiden Deklinationsarten wird das semantische Merkmal der Definitheit (schwach) bzw. Indefinitheit (stark) transportiert, das in der Weiterentwicklung aber auch durch den definiten und den indefiniten Artikel aufgebaut wird, im Deutschen spätestens seit dem Mittelhochdeutschen. Während z.B. das Englische die Adjektivdeklination (bis auf die Komparation) vollständig abgebaut hat, bleibt sie im Deutschen weiter erhalten. Nachfolgend sind die beiden Deklinationsklassen des Standarddeutschen einander gegenübergestellt.

(11) a. Starke Deklination

	Mask	Neut	Fem	Plural
N	*guter Wein*	*gutes Bier*	*gute Milch*	*gute Drinks*
A	*guten Wein*	*gutes Bier*	*gute Milch*	*gute Drinks*
D	*gutem Wein*	*gutem Bier*	*guter Milch*	*guten Drinks*
G	*guten Wein(e)s*	*guten Bier(e)s*	*guter Milch*	*guter Drinks*

b. Schwache Deklination

	Mask	Neut	Fem	Plural
N	*der gute W.*	*das gute B.*	*die gute M.*	*die guten D.*
A	*den guten W.*	*das gute B.*	*die gute M.*	*die guten D.*
D	*dem guten W.*	*dem guten B.*	*der guten M.*	*den guten D.*
G	*des guten W.*	*des guten B.*	*der guten M.*	*der guten D.*

Es fällt auf, dass die starke Deklination spezifischer ist bzw. dass es dort mehr unterschiedliche Endungen gibt. Die schwache Deklination weist fast immer die Endung *en* (das ursprüngliche *n*-haltige stammbildende Element) auf, nur im Nominativ und Akkusativ Singular (und dort auch nur im Femininum und Neutrum) steht *e*.

Im Folgenden sind exemplarisch die starken und schwachen Formen des Genitiv Singulars des Adjektivs ‚blind' im Gotischen, Althochdeutschen und Neuhochdeutschen drei entsprechenden Substantiven gegenübergestellt. Abweichungen der Adjektiv- von den Substantivformen sind fett markiert bzw. unterstrichen.

(12)	Genitiv Sg.	Mask	Neut	Fem
a.	stark			
	Got.	*blind-i-s*	*blind-i-s*	*blind-**aiz**-ō-s*
	Ahd.	*blint-e-s*	*blint-e-s*	*blint-**er**-a*
	Mhd.	*blind-e-s*	*blind-e-s*	*blind-**er**(-e)*
	Nhd.	*blind-<u>en</u>*	*blind-<u>en</u>*	*blind-**er***
b.	schwach			
	Got.	*blind-in-s*	*blind-in-s*	*blind-ōn-s*
	Ahd.	*blint-en*	*blint-en*	*blint-ūn*
	Mhd.	*blind-en*	*blind-en*	*blind-en*
	Nhd.	*blind-en*	*blind-en*	*blind-en*

Zum Vergleich die substantivischen Formen:

(13)	Genitiv Sg.	Mask	Neut	Fem
a.	stark			
	Got.	*wulf-i-s*	*waurd-i-s*	*wull-ō-s*
	Ahd.	*wolf-e-s*	*wort-e-s*	*woll-a-*
	Mhd.	*wolv-e-s*	*wort-e-s*	*woll-e*
	Nhd.	*Wolf-e-s*	*Wort-e-s*	*Woll-e*
b.	schwach			
	Got.	*han-in-s*	*hairt-in-s*	*tugg-ōn-s*
	Ahd.	*han-en*	*herz-en*	*zung-ūn*
	Mhd.	*han-en*	*herz-en*	*zung-ūn*
	Nhd.	*(Hahn-es)*	*Herz-en*	*Zung-e*

Dabei stimmen viele starke und schwache Formen mit der substantivischen Deklination überein. In die starke adjektivische Deklination sind jedoch schon im Germanischen Formen aus der Pronominalbildung entlehnt (fett markiert). Dies trifft hier im starken Genitiv Singular auf das Femininum zu, wobei zusätzlich das Morphem got. *aiz* (bzw. dt. *er*) steht, das als Suffix spezifisch zur Pronominalbildung diente. Zum Neuhochdeutschen werden im starken Genitiv Singular Maskulinum und Neutrum Formen aus der schwachen Deklination auf *en* entlehnt (unterstrichene Formen). Dadurch stimmen pronominale und starke adjektivische Deklination nicht mehr überein, vgl. noch mhd. *des niuwes hûses*, aber nhd. *des neuen Hauses*. Interessanterweise gibt es Anzeichen im Gegenwartsdeutschen, dass sich die pronominale Deklination im Genitiv Singular Maskulinum und Neutrum insbesondere bei Zeitangaben sogar schon an die adjektivische starke (die ja ursprünglich der schwachen entspricht) angleicht: „neues" Gegenwartsdeutsch [?]*im Januar diesen Jahres* gegenüber „älterem" Gegenwartsdeutsch *im Januar dieses Jahres*.

9.4 Zusammenfassung

- Auch bei Substantiven und Adjektiven wurden im Germanischen die grammatischen Formen im Vergleich zum Indoeuropäischen reduziert.

- An Hauptdeklinationsklassen werden in historischer Hinsicht starke und schwache Klassen unterschieden, je nachdem, ob das stammbildende Element auf einen Vokal oder einen Konsonanten endet.

- Die Anzahl der schwachen Substantive wird im Laufe der Entwicklung kleiner, da viele in die starke Klasse überwechseln; durch Vermischung entsteht im Neuhochdeutschen sogar eine gemischte Klasse.

- Dagegen wird die schwache Klasse bei den Adjektiven ausgebaut, so dass im Prinzip jedes Adjektivstammmorphem stark und schwach existiert, wodurch, zumindest ursprünglich, Indefinitheit und Definitheit ausgedrückt wird.

Grundbegriffe: Wurzelnomina; Ablativ, Instrumental, Lokativ, Vokativ; Deklinationsklassen, stark, schwach, gemischt; Numerusprofilierung.

Aufgabe 1: Geben Sie mithilfe von Grammatiken und Wörterbüchern an, wie sich die Deklination der folgenden Substantive vom Mittelhochdeutschen zum Gegenwartsdeutschen verändert hat: *Auge* (mhd. *ouge*), *Brust* (mhd. *brust*), *Adler* (mhd. *adler*), *Affe* (mhd. *affe*), *Bär* (mhd. *bër*), *Arbeiter* (mhd. *arbeiter*), *Apfel* (mhd. *apfel*), *Brett* (mhd. *brët*).

Aufgabe 2: Die maskulinen und neutralen Formen des Genitivs der starken Deklination lauteten bis ins 15. Jh. auf -*s* (noch heute *reines Herzens* [veraltet] für *reinen Herzens*), d.h., die starke Adjektivdeklination war vollkommen identisch mit der Deklination von Pronomina wie *dieser*. Was könnte der Grund dafür sein, dass das Genitiv-*s* der starken Adjektivdeklination durch -*n* ersetzt wurde?

Aufgabe 3: Überprüfen Sie anhand der Duden-Grammatik, wann im Gegenwartsdeutschen die starke und wann die schwache Adjektivdeklination zu verwenden ist.

Aufgabe 4: In manchen Grammatiken gibt es neben der starken und der schwachen Adjektivdeklination auch noch eine gemischte. Überprüfen Sie, worum es sich dabei handelt und warum eine solche nicht notwendig ist.

Weiterführende Literatur: Zur Morphologie im Indoeuropäischen: Meier-Brügger (2010), Tichy (2009); Zur Formenentwicklung vom Indoeuropäischen zum Althochdeutschen: Krahe (1985), Krahe/Meid (1969); Zur Morphologie im Gotischen: Braune (2004); Zur Morphologie im Althochdeutschen: Sonderegger (2000); Zur Morphologie im Mittelhochdeutschen: Grosse (2000); Zur Morphologie im Frühneuhochdeutschen: Wegera/Solms (2000); Zur Substantivmorphologie: Harnisch (2001); Zum Deklinationsklassenwandel: Kürschner (2008). Zur Morphologie in der deutschen Sprachgeschichte allgemein vgl. außerdem den Abschnitt „Grammatiken, Handbücher und Einführungen zur deutschen Sprachgeschichte" im Literaturverzeichnis.

Literatur

Besch, Werner/Knoop, Ulrich/Putschke, Wolfgang/Wiegand, Herbert E. (Hgg.) (1982): Dialektologie. Ein Handbuch zur deutschen und allgemeinen Dialektforschung. Erster Halbband. Berlin/New York: de Gruyter.

Besch, Werner (2000[2]): Die Rolle Luthers in der deutschen Sprachgeschichte. Heidelberg: Winter.

Birkmann, Thomas (1987): Präteritopräsentia. Morphologische Entwicklungen einer Sonderklasse in den altgermanischen Sprachen. Tübingen: Niemeyer.

Braune, Wilhelm (2004[20]): Gotische Grammatik. Mit Lesestücken und Wortverzeichnis. Neu bearb. von Frank Heidermanns. Tübingen: Niemeyer.

Deutscher Familiennamenatlas (2009-2012). 3 Bände. Hrsg. von Konrad Kunze und Damaris Nübling. Berlin/Boston, Mass.: de Gruyter.

Duden (2009[8]). Die Grammatik. Überarb. Auflage. Mannheim/Wien/Zürich: Dudenverlag.

Ebert, Robert P./Reichmann, Oskar/Solms, Hans-Joachim/Wegera, Klaus-Peter (1993): Frühneuhochdeutsche Grammatik. Hrsg. von Oskar Reichmann und Klaus-Peter Wegera. Tübingen: Niemeyer.

Fuhrhop, Nanna (2009[3]): Orthografie. Aktual. Auflage. Heidelberg: Winter.

Gerdes, Udo/Spellerberg, Gerhard (1991[7]): Althochdeutsch – Mittelhochdeutsch. Grammatischer Grundkurs zur Einführung und Textlektüre. Unveränd. Nachdruck der 6., durchges. und erg. Auflage. Frankfurt a.M.: Hain.

Goblirsch, Kurt Gustav (2005): Lautverschiebungen in den germanischen Sprachen. Heidelberg: Winter.

Grimm, Jacob (1819): Deutsche Grammatik. 1. Theil. Göttingen: Dieterich.

Gross, Harro (1998[3]): Einführung in die germanistische Linguistik. Überarb. und erw. Auflage. Neu bearbeitet von Klaus Fischer. München: Iudicium

Grosse, Siegfried (2000[2]): Morphologie des Mittelhochdeutschen. In: Besch, Werner/Betten, Anne/Reichmann, Oskar/Sonderegger, Stefan (Hgg.): Sprachgeschichte. Ein Handbuch zur Geschichte der deutschen Sprache und ihrer Erforschung. Vollst. neu bearb. und erw. Auflage. Berlin/New York: de Gruyter, 1332-1340.

Haas, Walter (1983): Vokalisierung in den deutschen Dialekten. In: Besch, Werner/Knoop, Ulrich/Putschke, Wolfgang/Wiegand, Herbert E. (Hgg.): Dialektologie. Ein Handbuch zur deutschen und allgemeinen Dialektforschung. Zweiter Halbband. Berlin/New York: de Gruyter, 1111-1116.

Hall, T. Alan (2011[2]): Phonologie. Eine Einführung. Überarb. Auflage. Berlin/New York: de Gruyter.

Harnisch, Rüdiger (2001): Grundform- und Stamm-Prinzip in der Substantivmorphologie des Deutschen. Synchronische und diachronische Untersuchung eines typologischen Parameters. Heidelberg: Winter.

Hock, Hans Henrich (1991[2]): Principles of historical linguistics. Revised and updated edition. Berlin/New York: Mouton de Gruyter.

Hutterer, Claus Jürgen (2008[4]): Die germanischen Sprachen. Ihre Geschichte in Grundzügen. Nachdruck. Wiesbaden: VMA-Verlag.

Jespersen, Otto (1904): Phonetische Grundfragen. Leipzig/Berlin: Teubner.

Kluge, Friedrich (2011[25]): Etymologisches Wörterbuch der deutschen Sprache. Bearb. von Elmar Seebold. Durchges. und erw. Auflage. Berlin/Boston, Mass.: de Gruyter.

König, Werner (2007[16]): dtv-Atlas Deutsche Sprache. Durchges. und korr. Aufl. München: dtv.

Krahe, Hans (1985[6]): Indogermanische Sprachwissenschaft. Unveränd. Aufl. des 1. und 2. Teils in einem Band. Berlin/New York: de Gruyter.

Krahe, Hans/Meid, Wolfgang (1969[7]): Germanische Sprachwissenschaft. 1: Einleitung und Lautlehre, II: Formenlehre. Berlin/New York: de Gruyter.

Kühnel, Jürgen (1978[2]): Grundkurs historische Linguistik. Materialien zur Einführung in die germanisch-deutsche Sprachgeschichte. Ergänzte Auflage. Göppingen: Kümmerle.

Kürschner, Sebastian (2008): Deklinationsklassen-Wandel. Eine diachron-kontrastive Studie zur Entwicklung der Pluralallomorphie im Deutschen, Niederländischen, Schwedischen und Dänischen. Berlin/New York: de Gruyter.

Lewis, M. Paul (2009[16]): Ethnologue. Languages of the World. Dallas, Texas: SIL International.

Meier-Brügger (2010[9]): Indogermanische Sprachwissenschaft. Durchges. und erg. Auflage. Berlin/New York: de Gruyter.

Moser, Hugo (1969[6]): Deutsche Sprachgeschichte. Überarb. Auflage. Tübingen: Niemeyer.

Niebaum, Hermann/Macha, Jürgen (2006[2]): Einführung in die Dialektologie des Deutschen. Neubearb. Auflage. Tübingen: Niemeyer.

Noack, Christina (2010): Phonologie. Heidelberg: Winter.

Pompino-Marschall, Bernd (2009[3]): Einführung in die Phonetik. Durchges. Auflage. Berlin/New York: de Gruyter.

Schirmunski, V. M. (1962): Deutsche Mundartkunde. Vergleichende Laut- u. Formenlehre der deutschen Mundarten. Berlin: Akademie Verlag.

Schwerdt, Judith (2000): Die 2. Lautverschiebung. Wege zu ihrer Erforschung. Heidelberg: Winter.

Simmler, Franz (2000a[2]): Phonetik und Phonologie, Graphetik und Graphematik des Althochdeutschen. In: Besch, Werner/Betten, Anne/Reichmann, Oskar/Sonderegger, Stefan (Hgg.): Sprachgeschichte. Ein Handbuch zur Geschichte der deutschen Sprache und ihrer Erforschung. Vollst. neu bearb. und erw. Aufl. Berlin/New York: de Gruyter, 1155-1171.

Simmler, Franz (2000b[2]): Phonetik und Phonologie, Graphetik und Graphemik des Mittelhochdeutschen. In: Besch, Werner/Betten, Anne/Reichmann, Oskar/Sonderegger, Stefan (Hgg.): Sprachgeschichte. Ein Handbuch zur Geschichte der deutschen Sprache und ihrer Erforschung. Vollst. neu bearb. und erw. Aufl. Berlin/New York: de Gruyter, 1320-1332.

Sonderegger, Stefan (2000[2]): Morphologie des Althochdeutschen. In: Besch, Werner/Betten, Anne/Reichmann, Oskar/Sonderegger, Stefan (Hgg.): Sprachgeschichte. Ein Handbuch zur Geschichte der deutschen Sprache und ihrer Erforschung. Vollst. neu bearb. und erw. Aufl. Berlin/New York: de Gruyter, 1171-1196.

Speyer, Augustin (2007): Germanische Sprachen. Ein historischer Vergleich. Göttingen: Vandenhoeck & Ruprecht.

Szczepaniak, Renata (2011[2]): Grammatikalisierung im Deutschen. Eine Einführung. Überarb. und erw. Auflage. Tübingen: Narr.

Thieroff, Rolf/Vogel, Petra M. (2012[2]): Flexion. Aktualisierte Auflage. Heidelberg: Winter.

Tichy, Eva (2009[3]): Indogermanistisches Grundwissen für Studierende sprachwissenschaftlicher Disziplinen. Vollst. überarb. Auflage. Bremen: Hempen.

Vandeputte, Omer (1995[5]): Niederländisch. Die Sprache von 20 Millionen Niederländern und Flamen. Überarb. Auflage. Rekkem: Stichting Ons Erfdeel.

Venema, Johannes (1997): Zum Stand der zweiten Lautverschiebung im Rheinland. Diatopische, diachrone und diastratische Untersuchungen am Beispiel der dentalen Tenuis (voralthochdeutsch /t/). Stuttgart: Steiner.

Wegera, Klaus-Peter/Solms, Hans-Joachim (2000[2]): Morphologie des Frühneuhochdeutschen. In: Besch, Werner/Betten, Anne/Reichmann, Oskar/Sonderegger, Stefan (Hgg.): Sprachgeschichte. Ein Handbuch zur Geschichte der deutschen Sprache und ihrer Erforschung. Vollst. neu bearb. und erw. Auflage. Berlin/New York: de Gruyter, 1542-1552.

Wolf, Lothar/Hupka, Werner (1981): Altfranzösisch. Entstehung und Charakteristik. Eine Einführung. Darmstadt: Wissenschaftliche Buchgesellschaft.

Wolf, Norbert Richard (1983): Durchführung und Verbreitung der Zweiten Lautverschiebung in den deutschen Dialekten. In: Besch, Werner/Knoop, Ulrich/Putschke, Wolfgang/Wiegand, Herbert E. (Hgg.): Dialektologie. Ein Handbuch zur deutschen und allgemeinen Dialektforschung. Zweiter Halbband. Berlin/New York: de Gruyter, 1116-1121.

Wolf, Norbert Richard (2000²): Phonetik und Phonologie, Graphetik und Graphemik des Frühneuhochdeutschen. In: Besch, Werner/Betten, Anne/Reichmann, Oskar/Sonderegger, Stefan (Hgg.): Sprachgeschichte. Ein Handbuch zur Geschichte der deutschen Sprache und ihrer Erforschung. Vollst. neu bearb. und erw. Aufl. Berlin/New York: de Gruyter, 1527-1542.
Zehetner, Ludwig (1985): Das bairische Dialektbuch. München: Beck.

Überblick Grammatiken, Handbücher und Einführungen zur deutschen Sprachgeschichte (Auswahl)

Besch, Werner/Betten, Anne/Reichmann, Oskar/Sonderegger, Stefan (Hgg.) (1998-2004): Sprachgeschichte. Ein Handbuch zur Geschichte der deutschen Sprache und ihrer Erforschung. Vollständig neu bearbeitete und erweiterte Auflage. Berlin/New York: de Gruyter.
Braune, Wilhelm (1987¹⁴): Althochdeutsche Grammatik. Bearb. von Hans Eggers. Tübingen: Niemeyer.
Donhauser, Karin/Fischer, Annette/Mecklenburg, Lars (2007): Moutons interaktive Einführung in die historische Linguistik des Deutschen. The Mouton interactive introduction to historical linguistics of German. Berlin: Mouton de Gruyter.
Ebert, Robert Peter (1999²): Historische Syntax des Deutschen II. 1300-1750. Überarb. Auflage. Berlin: Weidler.
Eggers, Hans (1996²): Deutsche Sprachgeschichte. 2 Bände. Überarb. und erg. Neuauflage. Reinbek bei Hamburg: Rowohlt.
Ernst, Peter (2012²): Deutsche Sprachgeschichte. Eine Einführung in die diachrone Sprachwissenschaft des Deutschen. Wien: WUV.
Frings, Theodor (1957): Grundlegung einer Geschichte der deutschen Sprache. Halle a.d. Saale: Niemeyer.
Gerdes, Udo/Spellerberg, Gerhard (1991⁷): Althochdeutsch – Mittelhochdeutsch. Grammatischer Grundkurs zur Einführung und Textlektüre. Unveränd. Nachdruck der 6., durchges. und erg. Auflage. Frankfurt a.M.: Hain.
Grimm, Jacob (1819-1837): Deutsche Grammatik. 4 Bände. Göttingen: Dieterich.
Hutterer, Claus Jürgen (2008⁴): Die germanischen Sprachen. Ihre Geschichte in Grundzügen. Nachdruck. Wiesbaden: VMA-Verlag.
König, Werner (2007¹⁶): dtv-Atlas Deutsche Sprache. Durchges. und korr. Auflage. München: Deutscher Taschenbuch Verlag.
Mettke, Heinz (1993⁷): Mittelhochdeutsche Grammatik. Unveränd. Aufl. Tübingen: Niemeyer.
Moser, Hugo (1969⁶): Deutsche Sprachgeschichte. Tübingen: Niemeyer.
Nübling, Damaris/Dammel, Antje/Duke, Janet/Szczepaniak, Renata (2010³): Historische Sprachwissenschaft des Deutschen. Eine Einführung in die Prinzipien des Sprachwandels. Tübingen: Narr.
Paul, Hermann (2007²⁵): Mittelhochdeutsche Grammatik. Neu bearb. von Thomas Klein, Hans-Joachim Solms und Klaus-Peter Wegera. Mit einer Syntax von Ingeborg Schöbler. Neubearb. und erw. von Heinz-Peter Prell. Tübingen: Niemeyer.
Paul, Hermann (1968): Deutsche Grammatik. 5 Bände. Unveränd. Nachdruck der 1. Auflage. Tübingen: Niemeyer.
Polenz, Peter von (2009¹⁰): Deutsche Sprachgeschichte vom Spätmittelalter bis zur Gegenwart. 3 Bände. Völlig neu bearb. Auflage. Berlin/New York: de Gruyter.
Reichmann, Oskar/Wegera, Klaus-Peter (Hgg.) (1993): Frühneuhochdeutsche Grammatik. Von Robert Peter Ebert, Oskar Reichmann, Hans-Joachim Solms und Klaus-Peter Wegera. Tübingen: Niemeyer.
Sanders, Willy (1982): Sachsensprache, Hansesprache, Plattdeutsch. Sprachgeschichtliche Grundzüge des Niederdeutschen. Göttingen: Vandenhoeck & Ruprecht.
Schmid, Hans Ulrich (2009): Einführung in die deutsche Sprachgeschichte. Stuttgart/Weimar: Metzler.

Schmidt, Wilhelm (Hg.) (2007[10]): Geschichte der deutschen Sprache. Ein Lehrbuch für das germanistische Studium. Erarbeitet unter der Leitung von Helmut Langner und Norbert Richard Wolf. Verbesserte und erweiterte Auflage. Stuttgart: Hirzel.

Schweikle, Günther (2002[5]): Germanisch-deutsche Sprachgeschichte im Überblick. Stuttgart: Metzler.

Sonderegger, Stefan (1979): Grundzüge deutscher Sprachgeschichte. Diachronie des Sprachsystems. Berlin/New York: de Gruyter.

Speyer, Augustin (2010): Deutsche Sprachgeschichte. Göttingen: Vandenhoeck & Ruprecht.

Stedje, Astrid/Prell, Heinz-Peter (2007[6]): Deutsche Sprache gestern und heute. Einführung in Sprachgeschichte und Sprachkunde. Paderborn: Fink.

Stellmacher, Dieter (2000[2]): Niederdeutsche Sprache. Überarbeitete Auflage. Berlin: Weidler.

Tschirch, Fritz (1983[3]): Geschichte der deutschen Sprache. Band 1: Die Entfaltung der deutschen Sprachgestalt in der Vor- und Frühzeit. Durchges. Auflage. Bearbeitet von Werner Besch. Berlin: Schmidt.

Tschirch, Fritz (1989[3]): Geschichte der deutschen Sprache. Band 2: Entwicklung und Wandlungen der deutschen Sprachgestalt vom Hochmittelalter bis zur Gegenwart. Durchges. Auflage. Bearb. von Werner Besch. Berlin: Schmidt.

Wilmanns, Wilhelm (1967[3]): Deutsche Grammatik. Gotisch, Alt-, Mittel- und Neuhochdeutsch. 3 Bände. Verb. Auflage, unveränd. photomechanischer Nachdruck der Ausgabe von 1911. Berlin: de Gruyter.

Wolff, Gerhart (2009[6]): Deutsche Sprachgeschichte von den Anfängen bis zur Gegenwart. Ein Studienbuch. Tübingen: Francke.

Überblick Wörterbücher (Auswahl)

Schützeichel, Rudolf (2012[7]): Althochdeutsches Wörterbuch. Durchges. und verb. Auflage. Berlin/Boston: de Gruyter.

Lexer, Matthias von (1992[38]): Mittelhochdeutsches Taschenwörterbuch. Unveränd. Nachdruck. Stuttgart: Hirzel.

Grimm, Jacob/Grimm, Wilhelm (1965-2009): Deutsches Wörterbuch. 9 Bände. Neubearbeitung. Stuttgart: Hirzel.

Benecke , Georg/Müller, Wilhelm/Zarncke, Friedrich (1990): Mittelhochdeutsches Wörterbuch. 3 Bände. Mit Benutzung des Nachlasses von Georg Friedrich Benecke ausgearbeitet von Wilhelm Müller, Band 2 von Friedrich Müller und Friedrich Zarncke. Nachdruck der Ausgabe Leipzig 1854-1866 mit einem Vorwort und einem zusammengefaßten Quellenverzeichnis von Eberhard Nellmann sowie einem alphabetischen Index von Erwin Koller, Werner Wegstein und Norbert Richard Wolf. Stuttgart: Hirzel.

Baufeld, Christa (1996): Kleines frühneuhochdeutsches Wörterbuch: Lexik aus Dichtung und Fachliteratur des Frühneuhochdeutschen. Tübingen: Niemeyer.

Anderson, Robert R./Goebel, Ulrich (1989-2006): Frühneuhochdeutsches Wörterbuch. 11 Bände. Berlin: de Gruyter.

Kluge, Friedrich (2011[25]): Etymologisches Wörterbuch der deutschen Sprache. Durchges. und erw. Auflage. Berlin/Boston, Mass.: de Gruyter.

Pfeifer, Wolfgang (Hg.) (2005[2]): Etymologisches Wörterbuch des Deutschen. Erarbeitet im Zentralinstitut für Sprachwissenschaft, Berlin unter der Leitung von Wolfgang Pfeifer. München: dtv.

Glossar

Ablaut: Vokalwechsel, der im Gegenwartsdeutschen v.a. bei starken Verben im Präteritum und/oder Partizip II auftritt (z.B. *singen –sang – gesungen, reiten – ritt – geritten*).

Ablautreihen: Einteilung der starken Verben in Abhängigkeit von ihrer Ablautbildung in traditionell sieben Ablautreihen.

Affix: Unselbstständiges Morphem, das vor (Präfix), hinter (Suffix) oder um (Zirkumfix) einen Stamm steht.

Analogie: Ausgleichswandel nach dem Prinzip „eine Bedeutung/Funktion – eine Form".

Apokope: s. Elision

Assimilation: Angleichung von verschiedenen Lauten.

Athematische Bildungen: Bildungen ohne Themavokal.

Auslautverhärtung: Unterart der Fortisierung im Sinne der Stimmlosmachung von stimmhaften Lauten im Auslaut; in der Entwicklung vom Ahd. zum Mhd. sind davon alle Plosive und Frikative im Silbenauslaut betroffen.

Bacharacher Linie (auch Hunsrückschranke): Begrenzt im Rheinischen Fächer zusammen mit der Eifelschranke im Norden das Moselfränkische.

Benrather Linie (auch Erftschranke): Dialektgrenze, etwa von Aachen nach Frankfurt/Oder verlaufend, die das hochdeutsche Sprachgebiet südlich davon vom niederdeutschen Sprachgebiet nördlich davon trennt; begrenzt im Rheinischen Fächer zusammen mit der Uerdinger Linie im Norden das Südniederfränkische und zusammen mit der Eifelschranke im Süden das Ripuarische.

Deklination: Flexion hinsichtlich Kasus und Numerus bei den Wortarten Substantiv, Adjektiv, Pronomen und Artikel.

Deklinationsklassen: Einteilung der Substantive und Adjektive in Flexionsmuster hinsichtlich ihrer Kasus- und Numerusbildung (stark, schwach, gemischt).

Dentalsuffix: Auf germ. *$d\bar{o}n$,tun' zurückgehendes Suffix zur Bildung des Präteritums und Partizips II schwacher Verben (vgl. dt. *sagte/gesagt*), das in den heutigen germ. Einzelsprachen dentales oder (post)alveolares *d, t* bzw. (im Isländischen und Faröischen) dentales *ð* enthält.

Diphthongierung: Entstehung eines Diphthongs (Vokalverbindung aus zwei Vokalen) aus einem (i.Allg.) langen Monophthong.

Dissimilation: Differenzierung von ähnlichen oder gleichen Lauten.

Eifelschranke: Begrenzt im Rheinischen Fächer zusammen mit der Benrather Linie im Norden das Ripuarische und zusammen mit der Bacharacher Linie im Süden das Moselfränkische.

Elision: Ausfall eines oder mehrer Laute am Anfang (Prokope), in der Mitte (Synkope) oder am Ende (Apokope) eines Wortes.

Epenthese: Hinzufügung von einem oder mehreren Lauten.

Erftschranke: s. Benrather Linie

Erste Lautverschiebung (auch Germanische Lautverschiebung): Verschiedene Fortisierungs- und Lenisierungsprozesse, die traditionell in die Zeit zwischen dem 2. Jh. v.Chr. und dem 6. Jh. n.Chr. verlagert werden und alle germ. Sprachen betreffen. Im Kern Lenisierung der ide. Plosive *p, t, k* zu den Frikativen *f, þ* (/θ/), *ch* (/ç/)/*h*, woraus dann durch die Zweite Lautverschiebung hochdt. *f, z, ch* (/ç/)/*h*. Das Vernersche Gesetz bezeichnet eine Weiterentwicklung der germ. Frikative *f, þ* (/θ/), *ch* (/ç/)/*h*, da diese unter bestimmten ide. Akzentbedingungen im Germ. zu den jeweiligen stimmhaften Frikativen lenisiert und weiter zu den stimmhaften Plosiven *b, d, g* fortisiert wurden.

Flexion: Abwandlung eines Wortes nach den grammatischen Bedeutungen mithilfe von Affixen.

Flexive: Morpheme, d.h. kleinste bedeutungstragende Einheiten, die die grammatischen Bedeutungen tragen.

Fortisierung: Verschiebung eines Lautes in Richtung Fortispol auf der Sonoritätshierarchie.

Geminierung: Verdoppelung eines Konsonanten.

Germanische Lautverschiebung: s. Erste Lautverschiebung

Germersheimer Linie: s. Speyerer Linie

Grammatikalisierung: Entstehung eines grammatischen aus einem lexikalischen Element.

Grammatische Bedeutungen: Im Deutschen Genus, Genus Verbi, Kasus, Komparation, Modus, Numerus, Person, Tempus.

Grammatischer Wechsel: Beschreibung des Nebeneinanders in hochdt. etymologisch verwandten Wörtern, v.a.

Flexionsformen desselben Wortes, von *f*/*b* (*Hefe*/*heben*), *d*/*t* (*schneiden*/*geschnitten*), *h*/*g* (*ziehen*/*gezogen*). Bedingt ist dies durch das Nebeneinander nach der Ersten Lautverschiebung von germ. *f*, *þ* (/θ/), *ch* (/ç/)/*h* und den stimmhaften Entsprechungen *b*, *d*, *g* (Vernersches Gesetz), woraus dann nach der Zweiten Lautverschiebung das Nebeneinander von hochdt. *f*/*b*, *d*/*t*, *h*/*g*.

Hochdeutsch: In der Sprachgeschichte das Sprachgebiet südlich der Benrather Linie, in dem die Zweite Lautverschiebung durchgeführt ist; wird weiter unterteilt in Mitteldeutsch und Oberdeutsch; in einer anderen Interpretation Ausdruck für die überregionale Standardsprache.

Hochdeutsche Lautverschiebung: s. Zweite Lautverschiebung

Hunsrückschranke: s. Bacharacher Linie

Indoeuropäisch: Sprachfamilie, auf die historisch die meisten europäischen Sprachen zurückgehen.

Indogermanisch: s. Indoeuropäisch

Kongruenz: Übereinstimmung in grammatischen Merkmalen, z.B. kongruiert im Deutschen das finite Verb in Numerus und Person immer mit dem Subjekt.

Konjugation: Flexion hinsichtlich Person, Numerus, Tempus, Modus, Genus Verbi bei der Wortart Verb.

Konjugationsklassen: Einteilung der Verben in Flexionsmuster hinsichtlich ihrer Tempus- und Partizipbildung (stark, schwach, unregelmäßig).

Lenisierung: Verschiebung eines Lautes hin zum Lenispol auf der Sonoritätshierarchie.

Mediopassiv: Den Handlungsträger betreffendes Geschehen (medial oder passivisch) im Gegensatz zum Aktiv als vom Handlungsträger ausgehendes Geschehen.

Medium: Den Handlungsträger betreffendes und von ihm selbst ausgehendes Geschehen.

Mitteldeutsch: In der Sprachgeschichte das Sprachgebiet, wo die Zweite Lautverschiebung teilweise durchgeführt ist, d.h. südlich der Benrather Linie und nördlich der Speyerer Linie.

Monophthongierung: Entstehung eines (i.Allg.) langen Monophthongs aus einem Diphthong (Vokalverbindung aus zwei Vokalen).

Nebensilbenabschwächung: Bezeichnung für den Prozess des Zusammenfalls unbetonter Vokale in zentrale Schwa-Vokale; in der Entwicklung vom Ahd. zum Mhd. sind davon die meisten unbetonten Vokale betroffen.

Niederdeutsch: In der Sprachgeschichte das Sprachgebiet nördlich der Benrather Linie, in dem die Zweite Lautverschiebung nicht durchgeführt ist.

Nordgermanisch: Oberbegriff für Dänisch, Färöisch, Isländisch, Schwedisch und Norwegisch.

Oberdeutsch: In der Sprachgeschichte das Sprachgebiet, wo die Zweite Lautverschiebung ganz oder nahezu ganz durchgeführt ist, d.h. südlich der Speyerer Linie.

Ostgermanisch: Oberbegriff für Burgundisch, Gotisch und Vandalisch (alle ausgestorben).

Palatalisierung: Verschiebung eines Lautes nach vorne im Mundraum; in einer anderen Interpretation Ausdruck für die Veränderung von /sk/ zu /ʃ/ vom Ahd. zum Mhd.

Passiv: Den Handlungsträger betreffendes und nicht von ihm selbst ausgehendes Geschehen.

Platt: Verkürzter Ausdruck für Plattdeutsch; in einer anderen Interpretation Begriff für Dialekt, v.a. im westmitteldeutschen Sprachgebiet.

Plattdeutsch: Umgangssprachlicher Ausdruck für Niederdeutsch.

Präfix: s. Affix

Präterito-Präsentien: Im modernen Deutsch die fünf Modalverben *dürfen, können, mögen, müssen, sollen* und das Vollverb *wissen*, deren Präsensformen historisch auf starke Präteritumformen zurückgehen.

Primärumlaut: s. Umlaut

Prokope: s. Elision

Reduplikation: Verdoppelung von Silben oder Morphemen bzw. Morphemteilen.

Restumlaut: s. Umlaut

Rheinischer Fächer: Fächerartig aufgespanntes Dialektlinienbündel im westlichen Nieder- und Mitteldeutschen mit dem Scheitelpunkt bei Siegen und den vier Linien (von Nord nach Süd) Uerdinger Linie, Benrather Linie, Eifelschranke und Bacharacher Linie; die Ergebnisse der Zweiten Lautverschiebung sind hier stark gestaffelt.

Rhotazismus: Veränderung eines Lautes zu einem *r*-Laut.

Rückumlaut: Irrtümliche Bezeichnung für den Fall, dass ein Vokal aufgrund eines bereits vorher synkopierten *i* nicht umlautete.

Schwache Nomina: s. Deklinationsklassen

96

Schwache Verben: Konjugationsklassen, Dentalsuffix

Sekundärumlaut: s. Umlaut

Sonoritätshierarchie: Kontinuum nach dem Merkmal des Öffnungsgrades von maximal offenen Vokalen zu maximal geschlossenen Plosiven; der Öffnungrad korreliert mit dem Merkmal der Muskelspannung von maximal offen/ungespannt (Lenispol) zu maximal geschlossen/gespannt (Fortispol).

Speyerer Linie (auch Germersheimer Linie): Dialektgrenze, etwa von Straßburg nach Plauen verlaufend, die das mitteldeutsche Sprachgebiet südlich davon vom oberdeutschen Sprachgebiet nördlich davon trennt.

Sproßvokal: Hinzufügung bzw. Epenthese eines Vokals.

Stamm: Ein Wort ohne seine Flexive.

Starke Nomina: s. Deklinationsklassen

Starke Verben: s. Konjugationsklassen, Ablaut

Suffix: s. Affix

Suppletivismus: Bildung bestimmter Flexionsformen mit einem anderen Stamm (so genannter Suppletivstamm), z.B. die Präsensformen des Verbs *sein*.

Synkope: s. Elision

Synkretismus: Zusammenfall zweier oder mehrerer grammatischer Funktionen in einer Form; meist als Kasussynkretismus.

Thematische Bildungen: Bildungen mit Themavokal.

Themavokal: Historisch ein stammbildendes vokalisches Suffix nach dem Stammmorphem.

Uerdinger Linie: Dialektgrenze, etwa von Wuppertal nach Uerdingen verlaufend, die das süd- und nordniederfränkische Sprachgebiet voneinander trennt und im Rheinischen Fächer zusammen mit der Benrather Linie im Süden das Südniederfränkische begrenzt.

Umlaut: Vokalwechsel, der im Gegenwartsdeutschen v.a. bei der Pluralbildung von Substantiven, der Komparativ- und Superlativbildung bei Adjektiven sowie der Konjunktivbildung von starken Verben auftreten kann (z.B. *Hut – Hüte, groß – größer – größt, las – läse*). Zum Ahd. bzw. Mhd. durch *i* assimilatorisch bedingte Hebung und Palatalisierung von vorangehendem betontem *a* zu *e/ä* (Primär- bzw. Sekundärumlaut (i.e.S.)), zum Mhd. durch (ehemaliges) *i* assimilatorisch bedingte Palatalisierung von vorangehendem betontem anderem Vokal (Restumlaut). Restumlaut und Sekundärumlaut (i.e.s.) werden manchmal auch zum Sekundärumlaut (i.w.S) zusammengefasst.

Velarisierung: Verschiebung eines Lautes nach hinten im Mundraum.

Verbklasse: Einteilung der Verben in Flexionsmuster hinsichtlich ihrer Präteritum- und Partizip II-Bildung (stark, schwach, unregelmäßig).

Vernersches Gesetz: s. Grammatischer Wechsel

Vokalisierung: Veränderung eines Konsonanten zu einem Vokal.

Westgermanisch: Oberbegriff für Deutsch, Englisch, Niederländisch und Friesisch.

Wurzelnomina: Adjektive und Substantive, die in der gesamten Flexion athematische Bildungen aufweisen.

Wurzelverben: Verben, die in der gesamten Flexion athematische Bildungen aufweisen.

Zentralisierung: s. Nebensilbenabschwächung

Zirkumfix: s. Affix

Zweite Lautverschiebung (auch (Alt)Hochdeutsche Lautverschiebung): Verschiedene Fortisierungs- und Lenisierungsprozesse, die traditionell in die Zeit zwischen dem 5. und 8. Jh. n.Chr. verlagert werden und das gesamte hochdeutsche Sprachgebiet (zumindest partiell) betreffen. Im Kern Lenisierung der germ. Plosive *p, t, k* zu den hochdt. Affrikaten und Frikativen, d.h. *pf, ts, kch* (/kç/) und *f, s, ch* (/ç/). Die Benrather Linie stellt die Grenze zwischen Hoch- und Niederdeutsch bzw. allen anderen germ. Sprachen dar.

97

Sachregister

Anhang I

Liste der IPA-Zeichen deutscher Laute

Vokalzeichen:

Vorne

[i]	*bieten*	(hier [i:])
[ɪ]	*bitten*	
[y]	*Hüte*	(hier [y:])
[ʏ]	*Hütte*	
[e]	*beten*	(hier [e:])
[ɛ]	*Betten*	
[ø]	*Höhle*	(hier [ø:])
[œ]	*Hölle*	

Hinten

[u]	*Ruhm*	(hier [u:])
[ʊ]	*Rum*	
[o]	*rote*	(hier [o:])
[ɔ]	*Rotte*	

Mitte

[a]	*Kante, raten*	(hier [a:])
[ə]	*Hände*	
[ɐ]	*Uhr*	

Konsonantenzeichen:

Plosive

[p]	*Pass*
[b]	*Bass*
[t]	*Tank*
[d]	*Dank*
[k]	*Kuss*
[g]	*Guss*
[ʔ]	*acht* [ʔaχtʰ] ([ʔ] wird im Dt. nicht verschriftet)

Affrikaten

[p͡f]	*Pfand*
[t͡s]	*Zeit*
[t͡ʃ]	*Matsch*

Frikative

[f]	*fein*
[v]	*Wein*
[s]	*reißen*
[z]	*reisen*
[ʃ]	*Marsch*

[ʒ]	*Genie*
[ç]	*Licht*
[j]	*Jacke*
[x]	*Loch*
[ʁ]	*rollen*
[χ]	*Dach*
[h]	*Haus*

Nasale

[m]	*mein*
[n]	*nein*
[ŋ]	*lang*

Vibranten

[r]	*rollen* (süddt. Variante)
[ʀ]	*rollen* (norddt. Variante)

Approximanten

[ʊ̯]	*Wein* (süddt. Variante)
[j]	*Jacke* (süddt. Variante)
[l]	*Laut*

Sie können sich alle Laute auch auf folgender Seite anhören:
http://web.uvic.ca/ling/resources/phonlab/ipatut/index.html.

Anhang II

THE INTERNATIONAL PHONETIC ALPHABET (revised to 1993, updated 1996)

CONSONANTS (PULMONIC)

© 1996 IPA

	Bilabial	Labiodental	Dental	Alveolar	Postalveolar	Retroflex	Palatal	Velar	Uvular	Pharyngeal	Glottal
Plosive	p b			t d		ʈ ɖ	c ɟ	k g	q ɢ		ʔ
Nasal	m	ɱ		n		ɳ	ɲ	ŋ	N		
Trill	B			r					R		
Tap or Flap				ɾ		ɽ					
Fricative	ɸ β	f v	θ ð	s z	ʃ ʒ	ʂ ʐ	ç ʝ	x ɣ	χ ʁ	ħ ʕ	h ɦ
Lateral fricative				ɬ ɮ							
Approximant		ʋ		ɹ		ɻ	j	ɰ			
Lateral approximant				l		ɭ	ʎ	L			

Where symbols appear in pairs, the one to the right represents a voiced consonant. Shaded areas denote articulations judged impossible.

CONSONANTS (NON-PULMONIC)

Clicks	Voiced implosives	Ejectives
ʘ Bilabial	ɓ Bilabial	' Examples:
ǀ Dental	ɗ Dental/alveolar	p' Bilabial
! (Post)alveolar	ʄ Palatal	t' Dental/alveolar
ǂ Palatoalveolar	ɠ Velar	k' Velar
ǁ Alveolar lateral	ʛ Uvular	s' Alveolar fricative

OTHER SYMBOLS

ʍ Voiceless labial-velar fricative

w Voiced labial-velar approximant

ɥ Voiced labial-palatal approximant

H Voiceless epiglottal fricative

ʕ Voiced epiglottal fricative

ʡ Epiglottal plosive

ɕ ʑ Alveolo-palatal fricatives

ɺ Voiced alveolar lateral flap

ɧ Simultaneous ʃ and x

Affricates and double articulations can be represented by two symbols joined by a tie bar if necessary.

k͡p t͡s

VOWELS

Front | Central | Back

Close: i • y — ɨ • ʉ — ɯ • u

ɪ ʏ — ʊ

Close-mid: e • ø — ɘ • ɵ — ɤ • o

ə

Open-mid: ɛ • ɜ — ɜ • ɞ — ʌ • ɔ

æ — ɐ

Open: a • ɶ — ɑ • ɒ

Where symbols appear in pairs, the one to the right represents a rounded vowel.

SUPRASEGMENTALS

ˈ Primary stress

ˌ Secondary stress

ˌfoʊnəˈtɪʃən

ː Long eː

ˑ Half-long eˑ

˘ Extra-short ĕ

| Minor (foot) group

‖ Major (intonation) group

. Syllable break ɹi.ækt

‿ Linking (absence of a break)

DIACRITICS   Diacritics may be placed above a symbol with a descender, e.g. ŋ̊

̥ Voiceless	n̥ d̥		̤ Breathy voiced	b̤ a̤		̪ Dental	t̪ d̪
̌ʰ Voiced	s̬ t̬		̰ Creaky voiced	b̰ a̰		̺ Apical	t̺ d̺
ʰ Aspirated	tʰ dʰ		̼ Linguolabial	t̼ d̼		̻ Laminal	t̻ d̻
̹ More rounded	ɔ̹		ʷ Labialized	tʷ dʷ		̃ Nasalized	ẽ
̜ Less rounded	ɔ̜		ʲ Palatalized	tʲ dʲ		ⁿ Nasal release	dⁿ
̟ Advanced	u̟		ˠ Velarized	tˠ dˠ		ˡ Lateral release	dˡ
̠ Retracted	e̠		̴ Pharyngealized	tˤ dˤ		̚ No audible release	d̚
̈ Centralized	ë		̴ Velarized or pharyngealized	ɫ			
̽ Mid-centralized	e̽		̝ Raised	e̝		(ɹ̝ = voiced alveolar fricative)	
̩ Syllabic	n̩		̞ Lowered	e̞		(β̞ = voiced bilabial approximant)	
̯ Non-syllabic	e̯		̘ Advanced Tongue Root	e̘			
˞ Rhoticity	ɚ a˞		̙ Retracted Tongue Root	e̙			

TONES AND WORD ACCENTS

LEVEL			CONTOUR	
e̋ or ˥	Extra high		ě or ˩˥	Rising
é ˦	High		ê ˥˩	Falling
ē ˧	Mid		e᷄ ˦˥	High rising
è ˨	Low		e᷅ ˩˨	Low rising
ȅ ˩	Extra low		e᷈ ˧˦˧	Rising-falling
↓	Downstep		↗	Global rise
↑	Upstep		↘	Global fall